dtv

Interesse, Neugier und Spaß an der Sache sind mächtige innere Antriebsquellen. Wer selbstmotiviert übt, wird auf Dauer die besseren Ergebnisse erzielen, ausdauernder und konzentrierter lernen. Manchmal wird das Lernen dann selbst zum Erlebnis, dann nämlich, wenn der so genannte Flow einsetzt, die Phase euphorischer Versenkung. Wie Eltern und Lehrer die Lernlust der Kinder anregen können, was Motivation bremst und antreibt, wird in diesem Ratgeber klar strukturiert dargelegt. Auf das richtige Maß kommt es an. Unterforderung wirkt ebenso lähmend wie Überforderung. Untersucht werden Fragen wie: Was läuft im Kopf ab, welche Rolle spielen Emotionen und Stress, welche Rahmenbedingungen fördern die Leistungsfähigkeit? Ein nach Altersstufen gestaffelter Testteil weist nach, wo das Potenzial und die Schwächen eines Kindes liegen. Tipps und Übungen setzen diese Erkenntnisse dann in einen konkreten Aktionsplan um.

Ischta Lehmann, geboren 1976, hat die Journalistenschule absolviert, für verschiedene Zeitschriften gearbeitet und lebt als Redakteurin in München.

Leichter lernen mit FOCUS SCHULE

Ischta Lehmann

Motivation

Wie Eltern ihr Kind unterstützen können

Mit Test und Übungen

Herausgegeben von Gaby Miketta

Wissenschaftliche Beratung:
Prof. Dr. Martin Korte,
Hirnforscher an der Technischen Universität Braunschweig

Deutscher Taschenbuch Verlag

Weitere Bände der Reihe ›Leichter lernen mit FOCUS-SCHULE‹ im Deutschen Taschenbuch Verlag:

Petra Thorbrietz: Konzentration (34445)
Claudia Tebel-Nagy: Gedächtnis (34506; Oktober 2008)

Originalausgabe
April 2008

www.dtv.de

Umschlaggestaltung und -illustration: Björn Maier/FOCUS
Test: Prof. Dr. Elke Wild, Dipl.-Psych. Monika Rammert, Universität Bielefeld 2007
Satz: Greiner & Reichel, Köln
Gesetzt aus der Candida 9,5/13˙
Druck und Bindung: Druckerei C. H. Beck, Nördlingen
Gedruckt auf säurefreiem, chlorfrei gebleichtem Papier
Printed in Germany · ISBN 978-3-423-34475-3

INHALT

WARUM IST MOTIVATION SO WICHTIG?

Mit dem Wechsel aufs Gymnasium fingen bei Olli die Probleme an. Während der aufgeweckte Elfjährige in den ersten vier Grundschuljahren immer gern zur Schule gegangen war, hören seine Eltern jetzt morgens immer öfter: »Ich habe keinen Bock!« Die nachmittägliche Hausaufgabenzeit wird zur Geduldsprobe für ihn und seine Mutter Alexandra. Meist ermahnt sie ihn mehrfach, bis er sich endlich in seinem Zimmer an den Schreibtisch setzt. Sieht sie dann zehn Minuten später nach ihm, findet sie ihn mit etwas völlig anderem beschäftigt. »Ich muss nur eben mein Fußball-Trikot suchen«, murmelt er. Oder: »Ich mach noch schnell was fertig, das ist wichtig!« Statt zügig zu arbeiten, starrt er aus dem Fenster, malt kleine Männchen auf seine Unterlagen oder kaut auf dem Stift. Rügt ihn Alexandra dafür, ergibt oft ein Wort das andere und ein Streit ist im Gange. In letzter Zeit ist sie deswegen dazu übergegangen, während des Lernens an seiner Seite zu bleiben und die Aufgaben mit ihm gemeinsam zu erledigen. Doch das dauert Stunden. Am Ende sind Mutter und Sohn meist so genervt, dass Alexandra ihm schnell die Lösungen sagt, damit er seine Aufgaben endlich fertig bekommt. Stöhnt er schließlich: »Schule ist doof!«, fällt es ihr immer schwerer zu widersprechen.

So wie Olli geht es vielen Kindern. Ihnen fehlt es nicht an Begabung, sondern an Motivation. Denn nicht allein der Intelligenzquotient eines Kindes entscheidet über Gelingen oder Versagen, sondern ein ganzes Bündel von Faktoren. Schulerfolg ist Können plus Wollen. Anstrengungsbereitschaft ist ebenso unverzichtbar im Schulalltag wie es Lernstrategien sind. Lern- und leistungsschwachen Schülern mangelt es oft vor allem an Lernmotivation. Befassen sie sich dann nur auf Grund äußeren Drucks mit einem Thema, neigen sie dazu, oberflächlich zu lernen und sich nicht in die Materie zu vertiefen. Lernen ohne Motivation ist wie Essen ohne Geschmackssinn – nicht sehr befriedigend und wenig lustvoll. Studien zeigen: Während der Schulzeit sinkt die Lern- und Leistungsmotivation der meisten Schüler mit jedem Jahr mehr. Der Abwärtstrend setzt bereits früh ein: Heute haben es Schulpsychologen längst nicht mehr nur mit unwilligen Pubertierenden zu tun, sondern immer häufiger auch mit Grundschulkindern, denen der Antrieb fehlt. Die Folgen der voranschreitenden Lustlosigkeit können dramatisch sein. Etwa acht Prozent der Schüler schwänzen regelmäßig den Unterricht, unter den Hauptschülern sind es sogar 15 Prozent. Zehn Prozent aller Schüler eines Jahrgangs verlassen die Schule ohne Abschluss.

Fehlt die Motivation, ist alles so viel mühsamer: Eine Mathestunde wird zäh und endlos lang, die tägliche Hausaufgabenzeit zur Geduldsprobe. Das Arsenal an Tricks, das Eltern dann aufbieten, um ihre Kinder auf die richtige Fährte zu führen, ist groß: Sie locken mit ausgefeilten Notentarifen, drohen mit Fernsehverbot, bitten, schimpfen – und verzweifeln oft. Denn ohne Motivation mangelt es Kindern an Energie, dem inneren Antrieb, etwas zu tun. Und den können Eltern leider nicht einfach so »anknipsen«.

Motivation ist keine unveränderliche Größe – sie ist wandelbar, je nach Situation, Stimmung, Thema. Aber: Kein Kind ist von Grund auf »unmotiviert«. Jeder Mensch hat Antriebskräfte, die ihn befähigen, bestimmte Dinge zu tun. Dass diese Kräfte sich nicht unbedingt immer auf Mathe oder Erdkunde richten, ist zwar bedauerlich, lässt sich aber ändern. Zum Glück, denn die Pluspunkte, die motiviertes Lernen mit sich bringt, sind enorm: Der innere Antrieb steigert Interesse und Ausdauer und stärkt die Konzentration. Wer selbstmotiviert übt, das zeigen Studien, erzielt im Durchschnitt bessere Noten als die widerwilligen Lerner. Und er hat mehr Spaß daran. Das ist auch für Eltern einfacher, die dann nicht ständig den Antreiber spielen müssen. Studien belegen außerdem, dass selbstbestimmt motivierte Schüler sinnvollere Lernstrategien einsetzen. Sie gleichen beispielsweise neues Wissen mit dem ab, das sie bereits haben, und überprüfen, ob sie den Stoff wirklich verstanden haben. Das Gelernte bleibt bei ihnen länger haften. Und hat man einmal die Freude am Wissenszuwachs entdeckt, ist es auch wahrscheinlicher, dass man weiterlernt. Wer gern lernt, lernt gern noch mehr – eine positive Spirale, auf die man sich verlassen kann. Ein weiterer günstiger Nebeneffekt: Ist man in einem Fach erfolgreich, steigt die Wahrscheinlichkeit, in anderen Fächern gute Noten zu erzielen. Davon profitiert zudem die Gesundheit: Wer motiviert ist, leidet nicht so schnell unter Stressbeschwerden wie Kopfschmerzen oder Bauchweh. Motivation hält fit! Dahinter steckt ein biochemischer Mechanismus. Die Motivations- und Stresssysteme des Gehirns sind aneinander gekoppelt. Powert das Motivationssystem, wird mit den dabei freigesetzten Botenstoffen das Stresssystem beruhigt – man ist belastbarer und gelassener. Außerdem sorgt selbstbestimmtes und interessiertes Lernen dafür, dass Mathe & Co nicht nur in der Schule stattfinden, sondern auch im richtigen Leben zum Einsatz kommen. So weisen die Fächer oder Themen aus der Schule dann möglicherweise auch den Weg bei der Berufswahl und in der Freizeitgestaltung. Motivation hilft Kindern, ihre Passion zu finden. Das ist ein Baustein für ein glückliches Leben.

Aber woher kommt der innere Antrieb, etwas wissen zu wollen, auch wenn es Mühe erfordert? Und wie kann dieser Motor in Gang gebracht werden? Genau darum geht es in diesem Buch. Es erklärt, wie die Mechanismen der Motivation ablaufen und wie Eltern ihre Kinder auf dem Weg zu mehr Lernfreude unterstützen und fördern können.

WAS IST MOTIVATION?

»Motivation ist so etwas wie eine milde Form der Besessenheit.«

Richard DeCharms,
Motivationsforscher

Vom lateinischen Verb »movere«, bewegen, leitet sich der Ausdruck Motivation her. Und in der Tat: Wer motiviert ist, der bewegt etwas, ist ausdauernd und konzentriert bei der Sache, vollbringt vielleicht sogar geistige, sportliche oder kreative Höchstleistungen. Motivation treibt an, etwas zu unternehmen oder zu lassen. Sie hilft bei den rund 10 000 Entscheidungen, die jeder Mensch täglich bewusst und unbewusst trifft – vom Augenöffnen bis zur Abendplanung. Kinder wählen Chemie oder Computerspiel, Lernen oder vor dem Fernseher lümmeln.

Wie wichtig Motivation ist, bemerken wir Erwachsene meist erst schmerzlich, wenn sie nicht vorhanden ist und wir sie dringend brauchen: Weil wir eine Diät durchhalten wollen, das Rauchen aufgeben oder endlich die Steuererklärung abschicken möchten. Schüler kennen das »Null Bock«-Gefühl zur Genüge. Für viele ist es ein täglicher Kampf, sich den Hausaufgaben zu widmen. Sie quälen sich widerwillig durch Klavieretüden oder räumen nur unter Protest ihr Zimmer auf.

Warum hat ein Kind Lust zu lernen, oder eben nicht? Schon vor der Einschulung entwickeln sich, geprägt zu einem Großteil durch Erziehung und Vorbild der Eltern, bestimmte Einstellungen zu Motivation und Lernen. Wie die Leistungsbereitschaft zustande kommt, welche Vorgänge dabei im Gehirn ablaufen, welche Faktoren den inneren Antrieb prägen und wie er sich ausbildet – das lesen Sie auf den folgenden Seiten.

Handeln heißt Entscheidungen treffen

Die äußeren Anzeichen der Motivation bei Ihrem Kind kennen Sie: Leuchtende Augen, ungebremster Elan oder stille Versenkung. Manchmal meint man, vor lauter Eifer einen kleinen Kopf rauchen zu sehen. Im übertragenen Sinne ist das durchaus der Fall. Wenn der innere Antrieb aktiv ist, läuft das Gehirn auf Hochtouren. Eine der wichtigsten Aufgaben des Gehirns ist es, uns vor einem Informations-Overkill zu bewahren und auszuwählen, wo es sich lohnt, Energie zu investieren. Von den Sinnesorganen strömen ständig ungeheure Datenmengen auf das Gehirn ein. Die Augen schicken pro Sekunde mindestens 10 Millionen Bits. Von der Haut kommen etwa eine Million, von Ohren und Nase je 100 000, und weitere 1000 vom Geschmackssinn. Eine unvorstellbare Informationsflut – von der uns glücklicherweise nur etwa 0,1 Prozent wirklich bewusst wird.

Auch Gedanken oder Situationen, die wir uns ausmalen (»Gehe ich zum Sport oder bleibe ich lieber auf der Couch liegen?«), sind Reize, in der Fachsprache »Stimuli« genannt, die Aufmerksamkeit beanspruchen. Blitzschnell muss entschieden werden, wie viel Relevanz das Gehirn diesen Stimuli beimisst. Wie lange, wie intensiv wenden wir uns einer Sache zu? Eine Art Kosten-Nutzen-Analyse findet statt: »Lohnt sich das, habe ich etwas davon?« Erscheint die Situation erstrebenswert, weil sie eine wie auch immer geartete Belohnung – etwa Geld, Erfolg, Anerkennung oder Spaß verspricht? Und ist es zudem wahrscheinlich genug, das positive Ergebnis auch tatsächlich zu erzielen? Lässt ein Reiz Genuss oder Spaß erwarten – etwa ins Schwimmbad gehen oder mit Freunden spielen – passiert er die mentalen Türsteher mit einem positiven Etikett versehen. Dann geht das so genannte Erwartungssystem des Gehirns »online«. Aktiv wird es übrigens auch, wenn wir etwas Unangenehmes vermeiden wollen, also statt einer Belohnung eine Strafe fürchten. Dabei spielen nicht nur rationale Überlegungen eine Rolle, sondern in erster Linie Gefühle. Denn wir Menschen sind ja keine Computer, die ohne Abwägung nach ein paar Berechnungen ein Ergebnis ausspucken, sondern Emotionen helfen uns dabei, Situationen einzuschätzen und zu bewerten.

Die Areale im Gehirn (siehe Abbildung rechts), die den Kern der Motivationssysteme bilden, befinden sich an zentraler Stelle im Mittelhirn. Diese Hirnregionen werden etwa beim Sex, Drogenrausch oder Schokolade-Essen aktiv – sind aber auch für das Glücksgefühl verantwortlich, das wir empfinden, wenn wir einen komplizierten Sachverhalt endlich verstanden haben und beim Lernen einen Aha-Effekt erleben. Zum Erwartungssystem gehören Hirnregionen, die für Gedächtnis, Aufmerksamkeit sowie das Planen und Steuern von Handlungen zuständig sind, aber auch die seitlich an der Schläfe gelegenen Emotionszentren in der Hirnrinde, dem so genannten »orbifrontalen Cortex«, und in der Amygdala, unserem emotionalen Gedächtnis. Diese Emotionszentren bewerten und beurteilen Situationen und melden, wenn Ziele in Aussicht stehen, die verlockend erscheinen. Im Stirnlappen finden die rationalen Entscheidungen statt, die den Motivationskreislauf unterstützen.

Wird das Erwartungs- und Belohnungssystem aktiv, kommen drei wichtige Gehirnbotenstoffe ins Spiel, die gemeinsam einen wirkungsvollen Motivationscocktail bilden. Der Botenstoff Dopamin ist eine Art Doping für Kopf und Körper – er steigert die Muskelkraft, macht wach und konzentriert, rüstet uns für anstehende Aufgaben. Er verbessert das Lernvermögen und stimmt optimistisch. Unschlagbar ist er gemixt mit körpereigenen Opioiden, den Endorphinen, die für überwältigende Glücksgefühle sorgen. Wenn sie im Spiel sind, lernen wir leichter und intensiver. Die dritte Zutat ist Oxytocin, auch als Bindungs- oder Treuehormon bezeichnet, das Beziehungen zwischen Menschen stärkt und dazu führt, dass wir uns für sie besonders einsetzen wollen. Auch beim

Wie Motivation im Gehirn entsteht

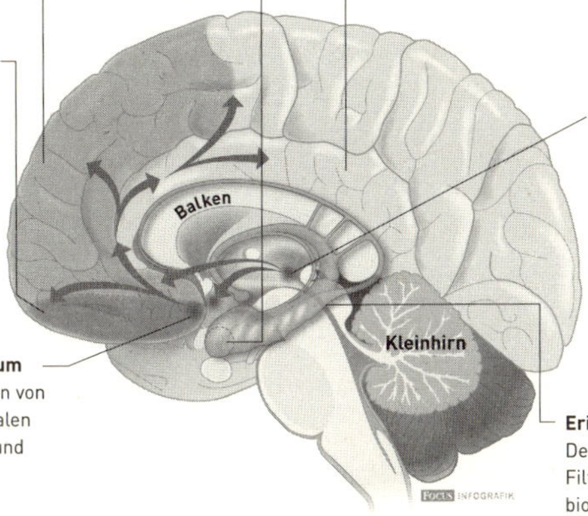

Im Erwartungszentrum berechnen Neuronen den voraussichtlichen Nutzen einer Handlung und schütten im positiven Fall Dopamin aus. Tritt der erhoffte Erfolg tatsächlich ein, feuern Endorphine und Opiate aus dem Belohnungszentrum weiter an. Im Stirnlappen fassen wir unter anderem gute Vorsätze und verfolgen langfristige Ziele.

Stillen wird es ausgeschüttet und wenn Eltern ihre Kinder streicheln und zärtlich berühren.

Diese drei durch das Hirn sausenden Botenstoffe sorgen dafür, dass wir uns einer Sache mit Ausdauer und Konzentration widmen – Ablenkungen zu ignorieren, fällt uns nicht schwer. Je größer die Belohnung für eine Anstrengung erscheint, desto stärker wird übrigens die Antriebsspirale aktiviert. Forscher vom University College London wiesen sogar nach, dass auch ein unbewusst wahrgenommener Anreiz dafür sorgt, dass Menschen mehr Einsatz bringen. Nur für

Bruchteile von Sekunden zeigten die Wissenschaftler ihren Probanden in einem Test entweder eine Penny- oder die wertvollere Pfundmünze, während diese einen Griff drückten. Den Testpersonen war zuvor eine Belohnung versprochen worden – je stärker sie drückten, desto höher sollte sie ausfallen. Bei den unbewusst wahrgenommenen wertvolleren Münzen pressten sie am stärksten, und ihre Erregung – gemessen an der Leitfähigkeit der Haut – nahm zu. Im Magnetresonanz-Tomographen war außerdem zu sehen, dass das Erwartungs- und Belohnungssystem des Gehirns aktiver war.

Außerdem gilt: Wenn wir besonders Schwieriges geleistet haben, freuen wir uns darüber mehr als über eine leichte Aufgabe, die bewältigt ist. Und tritt etwas überraschend Gutes ein, ist der Dopaminschub besonders hoch – wenn statt der erwarteten Fünf eine Zwei in der Geschichtsarbeit herauskommt, macht das happy.

Unser Gehirn ist von Natur aus auf Lernmotivation programmiert: Es belohnt die Erkenntnis, etwas Neues verstanden zu haben oder eine Fähigkeit zu beherrschen, mit einem Kick an Glückshormonen. So kann Lernen richtig süchtig machen. Aber die richtige Dosierung ist beim Lernstoff wichtig. Wenn ein Kind nicht genau weiß, ob es eine Aufgabe schaffen kann, aber es gerade noch möglich scheint – dann ist das Erfolgserlebnis hinterher am größten. Bleibt allerdings eine erwartete Belohnung oder Anerkennung aus, oder fühlt man sich überfordert, bricht der Belohnungskreislauf zusammen. Auch wenn Erfolg zur Selbstverständlichkeit wird, funktioniert er nicht mehr. Das kennen Sie vielleicht von Ihrem Kind: Das erste Mal, als es beim Weitsprung die Drei-Meter-Marke geknackt hatte, war es stolz wie Oskar. Beim fünften Mal zuckt es nicht mehr mit der Wimper.

Leben prägt das Gehirn

Wie hängen nun aber Motivation und Lernen zusammen? Um zu verstehen, wie Lernen funktioniert, müssen wir zunächst etwas mehr über die Funktionsweise des Gehirns erfahren. Unser Gehirn ist nie endgültig »fertig« entwickelt. Jeden Tag sorgen neue Anregungen, Reize, Gefühle dafür, dass sich weitere Verbindungen, so genannte Synapsen, zwischen den rund 100 Milliarden Nervenzellen bilden. Weniger oft genutzte Denkrouten werden dagegen allmählich geschlossen. Am größten ist diese so genannte »Plastizität«, die Formbarkeit des Gehirns, in der Kindheit. Genetisch ist zwar eine Grobvernetzung des Gehirns vorgegeben. Was und wie Kinder aber von Geburt an lernen und erleben, bestimmt die Feinvernetzung. Umwelt, Erfahrungen, Emotionen und Lernprozesse hinterlassen jetzt die bedeutendsten, dauerhaftesten Spuren. Sie bahnen die Wege, auf denen zukünftig alles Lernen verläuft.

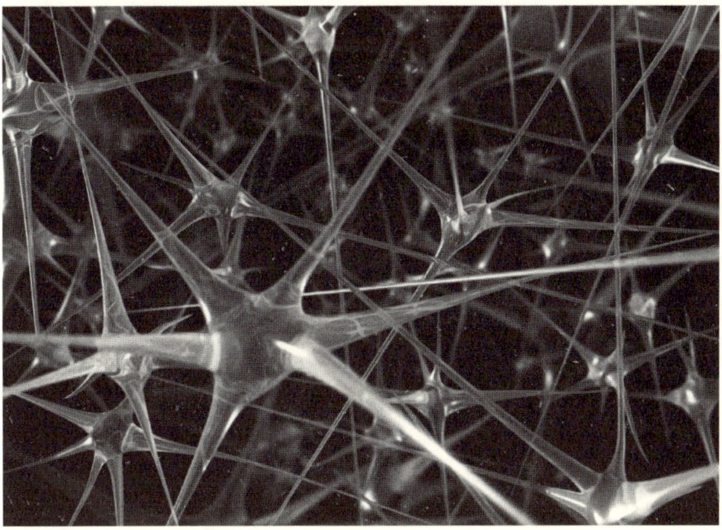

Das Gehirn besteht aus rund 100 Milliarden Nervenzellen (Neuronen), die Nervenimpulse weiterleiten, Informationen verarbeiten und speichern.

Nebenstraßen können auch später noch ausgebaut werden, aber sie ändern nicht mehr die generellen Bahnen, auf denen das Denken verläuft. Bei diesem Prozess ist das Gehirn in bestimmten Phasen jeweils für bestimmte Entwicklungen besonders offen. Ist eine solche Phase, auch Zeitfenster genannt, vorbei, können essenzielle Veränderungen nicht mehr stattfinden. So werden beispielsweise die Grundlagen für Mathematik und Logik zwischen dem zweiten und fünften Lebensjahr durch Umwelteinflüsse gebildet. Die Magdeburger Verhaltensbiologin Anna Katharina Braun erklärt: »Während dieser kritischen oder sensiblen Zeitfenster werden die Denkkonzepte, die Grammatik für späteres Lernen, und auch für die mit jedem Lernprozess untrennbar verknüpfte emotionale Erlebniswelt angelegt.« Alles Wissen wird immer mit den dabei erlebten Gefühlen gespeichert. Inhalte, die Emotionen ansprechen, können wir uns daher besonders gut merken. Psychologen der Universität Konstanz haben jetzt gezeigt, dass dies auch für Gelesenes gilt. Sie haben nachgemessen, dass das Gehirn emotionale Wörter in Texten schneller erkennt als andere, neutrale Begriffe. Schon ein kurzer Blick auf Buchstabenfolgen wie »Liebe«, »Erfolg«, aber auch »Angst« löste starke Reaktionen aus, und die Worte blieben den Probanden besser in Erinnerung. Dieses Prinzip gilt im positiven wie im negativen Sinn. Szenen aus Horrorfilmen brennen sich Kindern oft für Jahrzehnte ein. Unter Zwang oder Druck gelernte Fakten bleiben recht starr. Kreativ und problemorientiert kann man eher mit solchen Informationen umgehen, die man mit angenehmen Situationen und Gefühlen verbindet. Und je häufiger eine Information in unterschiedlichen Zusammenhängen auftaucht, desto besser bleibt sie haften.

Besonders wichtig ist die Verknüpfung von Information und Emotion für die Areale, die die Antriebskraft steuern. Ein »Motivations-Gen« gibt es nicht. Vielmehr wird jedes Mal, wenn die Botenstoffe des Belohnungssystems auf die

Reise gehen, diese Erfahrung im Gehirn abgespeichert. Das macht Lust auf mehr. Aber genauso landen auch Angst, Stress oder Frust in den neuronalen Netzen im Kopf und erschweren den Einstieg beim nächsten Mal. All diese Erlebnisse, positive wie negative, prägen schnelle biochemische und dauerhafte strukturelle Veränderungen der Synapsen. Jedes Mal ein kleiner Lernprozess, der das Gehirn verändert.

So entwickelt sich aus dem Zusammenspiel der genetischen Voraussetzungen und der im Laufe der Kindheit gemachten Erfahrungen das, was man das individuelle »Motivationsprofil« nennen könnte. Interessen und Fähigkeiten, aber auch Werte, innere Einstellungen, Selbstbild, Überzeugungen und emotionale Intelligenz spielen mit hinein, ohne dass wir sie noch bewusst wahrnehmen.

Werden Kinder ihrem Alter gemäß gefördert, mit Liebe, Aufmerksamkeit und Unterstützung, können sich alle erst grob angelegten Schaltkreise optimal »verschalten«. In der Kindheit wird quasi »die Festplatte formatiert«, wie es die Expertin Braun formuliert.

Der eigene Antrieb ist die stärkste Kraft

Motivation ist nicht gleich Motivation, genauso wie Brot nicht gleich Brot ist. Zwar kann man sowohl eine Scheibe weichen Toast als auch ein rustikales Roggenvollkornbrot essen – der Effekt ist jedoch völlig verschieden. Während die Energie, die der Toast liefert, nur kurz anhält, man bald wieder Nachschub benötigt, weil der Hunger zurück ist, sättigt das Roggenbrot länger und gibt kontinuierlich Power.

So ähnlich verhält es sich auch mit der Motivation. Sie existiert in ganz unterschiedlicher Intensität und Qualität – je nachdem, aus welcher Quelle der Antrieb stammt. Was sich Eltern für ihr Kind beim Lernen wünschen, ist die so genannte intrinsische Motivation, der innere Antrieb, das Vollkornbrot des Lernens, nahrhaft, gesund und lange sättigend. Experten halten die intrinsische für die stärkste und wertvollste Form der Motivation. Sie entsteht, wenn Kinder sich aus Neugier oder Interesse, aus Spaß am Thema oder an der Tätigkeit anstrengen, einen äußeren Anstoß wie Mamas Ermahnung benötigen sie dann nicht. Der innere Antrieb ist die beste Voraussetzung dafür, dass Kinder in eigener Regie und mit Begeisterung lernen. Das steigert die Ausdauer, stärkt die Konzentration und macht manchmal das Lernen selbst zu einem Erlebnis: dann, wenn der vom US-Psychologen Mihaly Csikszentmihalyi »Flow« getaufte Zustand eintritt, die Phase euphorischer Versenkung. Das geschieht, wenn der optimale Anregungszustand erreicht ist, weil man sich weder über- noch unterfordert fühlt. Dann vergisst man alles um sich herum und geht völlig im Lernen auf. Intrinsisch motivierte Schüler setzen meist Lernstrategien ein, die darauf zielen, den Stoff wirklich zu begreifen, statt lediglich schnell fertig zu werden. Solche Lernstrategien nennen Pädagogen »tiefenorientiert«.

Doch der Leistungsmotor kann auch ganz anders funktionieren. Dann sind äußere Anreize notwendig, um eine Aktivität auszulösen. Kinder pauken, um den Eltern einen Gefallen zu tun, der netten Lehrerin zu imponieren, ein Geschenk zu erhalten, ihr Image zu verbessern oder keinen Ärger zu bekommen. Diese »extrinsische« Motivation ist immer an Konsequenzen orientiert und deswegen auf Dauer störanfällig, weil die Bereitschaft, sich anzustrengen, nur schwach ausgeprägt ist. Fällt der äußere Druck oder Anreiz weg, bricht die Triebkraft meist ein. Eltern wissen, wie mühsam es ist, immer antreiben zu müssen. Fünf Euro für den Einser, eine Stunde Fernsehen, wenn das Zimmer aufgeräumt ist. Schielt ein Kind immer mit einem Auge auf die Prämie, interessiert es sich weniger für die Sache selbst, den Lerninhalt. Dieses »Na gut, dann mach ich's halt«-Lernen ist meist nur oberflächlich und nicht effektiv, denn es geht ja nur darum, möglichst bald fertig zu werden. Belohnungen wirken nur zeitlich begrenzt als Anschub, genauso wie angedrohte Strafen. Auf Dauer lässt sich von außen keine eigene Willenskraft aufbauen.

Zwischen den beiden Motivationspolen, dem Antrieb aus der Freude an der Sache und dem von außen verursachten, macht die pädagogische Psychologie noch eine weitere Form aus: die so genannte »identifizierte« Lernmotivation. Liegt sie vor, macht das Lernen zwar nicht unbedingt Spaß, ist aber selbstbestimmt, weil es von großer persönlicher Bedeutung erscheint. Etwa für einen Schüler, der lernt, um einen bestimmten Schulabschluss zu erzielen, mit dem er seinen Traumberuf ausüben kann.

Auf den Grad der Selbstbestimmung kommt es an, wie zahlreiche Studien nachgewiesen haben. Kinder, die aus eigener Überzeugung lernen, erzielen bessere Schulleistungen, weil sie sich intensiver mit dem Stoff auseinandersetzen und ihn wirklich verstehen wollen. Sie überlegen nicht ständig, welche Note dabei am Ende herauskommt, sondern lassen sich auf die jeweilige Aufgabe ein, die ansteht.

Die Psychologin Elke Wild von der Universität Bielefeld hat mit ihrem Forscher-Team von 2000 bis 2006 über 300 Schüler von der dritten bis zur siebten Klasse begleitet und einmal jährlich zu ihrer Motivation im Fach Mathematik befragt. Die Antworten verdeutlichen die Unterschiede zwischen den einzelnen Motivationsformen. Die Frage an die Kinder lautete: »Warum strengst du dich im Matheunterricht an?«

Intrinsisch: Weil ich gerne rechne. Oder:
Weil mich Mathe interessiert.

Identifiziert: Weil ich den Stoff verstehen möchte. Oder:
Weil es für mich wichtig ist, gut rechnen zu können.

Extrinsisch: Weil ich möchte, dass mein Mathelehrer mit mir zufrieden ist. Oder:
Weil von mir erwartet wird, dass ich mich im Unterricht anstrenge.

Woher stammt der Antrieb?

Von außen: fünf Euro für den Einser, ein Eis, wenn das Zimmer aufgeräumt ist: Belohnungen wirken nur zeitlich begrenzt. Genauso wie angedrohte Strafen. Auf Dauer lässt sich von außen – durch **extrinsische Motivation** – keine eigene Willenskraft aufbauen.

Von innen: Interesse, Neugier und Spaß an der Sache sind mächtige innere Antriebsquellen. Wenn Kinder sich freiwillig in ein Thema vertiefen, konzentriert und ausdauernd arbeiten, nennt man das **intrinsische Motivation.** Sie setzt einen positiven Kreislauf in Gang.

Wie es mit der Motivation Ihres Kindes aussieht, können Sie mit unserem Test nach Seite 64 herausfinden.

Motivation braucht ein Gegenüber

Liebevolle Beziehungen, in denen sich Kinder aufgehoben und sicher fühlen, bilden die wichtigste Basis für eine »gesunde« Entwicklung des Gehirns und insbesondere des Motivationssystems. Joachim Bauer, Medizinprofessor und Psychotherapeut in Freiburg, erklärte in ›Psychologie Heute‹: »Entscheidende Voraussetzungen für die biologische Funktionstüchtigkeit unserer Motivationssysteme sind das Interesse, die soziale Anerkennung und die persönliche Wertschätzung, die einem Menschen von anderen entgegengebracht werden.«

Unser Gehirn ist auf Sozialverhalten ausgerichtet. Über die Interaktion mit anderen Menschen, mit Eltern, Großeltern, Freunden, aber auch Lehrern, lernen Kinder. »Der beste Motivator für den Menschen sind andere Menschen«, weiß

Bauer. »Der Mensch ist ein Wesen, dessen zentrale Motivation auf Zuwendung und gelingende mitmenschliche Beziehungen gerichtet ist.«

Das Streben nach Anerkennung und Zuwendung ist ein menschliches Grundbedürfnis. Wird es nicht befriedigt, kommt auch keine Motivation zustande. Dieser neurowissenschaftliche Befund deckt sich mit Theorien aus der psychologischen Motivationsforschung. Die amerikanischen Psychologen Edward L. Deci und Richard M. Ryan veröffentlichten in den 1990er Jahren ihre so genannte Selbstbestimmungstheorie, die als wegweisend in der Motivationsforschung gilt. Sie postulieren drei menschliche psychologische Grundbedürfnisse: Bindung, Selbstbestimmung und Kompetenz. Das heißt, jeder Mensch – jedes Kind – möchte Dinge selbst tun und sich dabei als fähig und geliebt erleben. Eine Umwelt, die es einem Kind ermöglicht, diese drei Ansprüche zu befriedigen, legt den besten Grundstein für eine eigenverantwortliche Arbeitshaltung und ein zufriedenes Leben.

Neugier bildet die Basis für Lernfreude

Wenn sich Kinder sicher und geborgen fühlen und auf ihre Bezugspersonen vertrauen, richten sie den Blick auf die Welt »da draußen« und erforschen sie. Diese Neugier ist die Basis für die spätere Freude am Lernen und zunächst einmal bei jedem Kind vorhanden. Wissbegier ist neben Hunger, Durst und Schlaf ein biologisches Grundbedürfnis. Schon Neugeborene beginnen mit der Erkundung der Welt – bei sich selbst. Bereits wenige Stunden nach der Geburt fangen sie an, ihren Körper systematisch zu betasten, vor allem das Gesicht und den Mund. Nach einigen Monaten lernen sie, Objekte zu greifen und untersuchen sie mit dem Mund. Später vergrößert sich der Radius des Forscherdrangs. Schubladen, Schachteln oder Kochtöpfe werden mit Hand, Auge und Mund erforscht.

Aber bereits im Kleinkind- und Vorschulalter unterscheiden sich Kinder stark darin, wie engagiert und mutig sie sich neuen Objekten und Ereignissen widmen. Neugierige Kinder suchen ausdauernder nach Informationen und sind aufgeschlossener für Neues. Das beschleunigt ihre Entwicklung. »Dadurch können sie mehr Strategien für die Gewinnung von Informationen entwickeln und diese bei der Konfrontation mit Neuem flexibel einsetzen«, erklärt der Psychologe Clemens Trudewind von der Universität Bochum. Neugier macht kreativ. Forscher Trudewind wies in einer Studie mit Drei- bis Sechsjährigen nach, dass die wissbegierigsten unter ihnen die besten Strategien zum Problemlösen anwendeten. Er erklärt: »So entscheiden nicht nur die intellektuelle Ausstattung oder Lernangebote wie Frühförderung darüber, wie ein Kind Kenntnisse, geistige Fähigkeiten und Fertigkeiten erwirbt, sondern die Höhe seines so genannten ›Neugiermotivs‹, d.h. wie hoch seine Bereitschaft ist, neue Erfahrungen zu sammeln und sich mit der Umwelt auseinanderzusetzen.«

Ein Schutzmechanismus, der der natürlichen Neugier im Wege steht, ist die Angst. Sie bewahrt vor den Gefahren allzu großer Abenteuerlust wie etwa gefährlichen Tieren, heißen Herdplatten oder fremden Menschen. Während diese Bremse an sich durchaus sinnvoll ist, verhindert übertriebene Furcht das Erkunden. Je mehr Liebe man erfährt, desto geringer ist die Angst und desto eher entwickelt sich Neugier. Kinder, die eine sichere Bindung zur Mutter oder einer anderen engen Bezugsperson haben, trauen sich mehr zu und haben weniger Angst vor Misserfolgen, wenn sie sich in die Welt hinauswagen. Und aus neugierigen Babys werden im besten Fall interessierte Schulkinder. Denn Interesse ist quasi die »ausgewachsene« Neugier auf ein bestimmtes Gebiet, das wir für uns entdeckt haben, dem wir uns immer und immer wieder widmen und mit dem wir uns schließlich sogar identifizieren. Vom Lieblingsteddy als ständigem Begleiter zum Lieblingshobby, das Fixpunkt in der Freizeit ist, oder einem Beruf, der persönlichen Neigungen entspricht, verläuft diese Entwicklung. Vielleicht nicht immer so geradlinig wie bei dem Archäologen Heinrich Schliemann, der bereits als Kind die antike Stadt Troja ausgraben wollte und es als Erwachsener auch tatsächlich tat, oder bei Justus von Liebig, der schon als Junge mit Chemikalien experimentierte und später weltberühmter Chemiker wurde. Aber ist Interesse geweckt, kommt der Lernenthusiasmus von allein. Je mehr man sich für ein Thema interessiert, desto eher ist man bereit, sich Mühe zu geben und Hindernisse zu überwinden, um mehr darüber zu erfahren. Die Anstrengung zahlt sich aus. Erfolgserlebnisse wirken auf das Interesse zurück und steigern es weiter – ein positiver Kreislauf.

Wer sich etwas zutraut, wagt mehr

Kinder möchten nicht nur die Welt erkunden, sondern selbst darin vorkommen, also ihr Bedürfnis nach Selbstbestimmung und Kompetenz verwirklichen. Bereits gegen Ende des ersten und vor allem im zweiten Lebensjahr wollen alle Kinder Dinge »selber machen«. Sie empfinden es als lustvoll, wenn sie sich als Verursacher eines Effektes erleben. Sie lassen etwa einen Löffel fallen, und er plumpst zu Boden. Immer und immer wieder, bis sie schließlich das Prinzip verstanden haben, es langweilig finden und sich neuen Herausforderungen zuwenden. Etwas ausprobieren und das Resultat erleben – sei es beim Auf-den-Stuhl-Klettern oder Schnürsenkelbinden – bildet den Baustein für die spätere Freude an der eigenen Tüchtigkeit, die so genannte Leistungsmotivation.

Selbst etwas zu bewirken, ist ein gutes Gefühl – das Eltern

ihrem Kind nehmen, wenn sie etwa bei den Hausaufgaben die richtige Antwort vorsagen, statt es selbst darauf kommen zu lassen. Besser ist es, Kindern altersgerechte Handlungs- und Lernangebote zu machen, sie für neue Kenntnisse zu loben und ihnen spielerisch zu ermöglichen, neue Fertigkeiten zu entwickeln. Indem Kinder Erfolgserlebnisse beim Selbermachen sammeln, erfahren sie Freude an der eigenen Leistung.

Je optimistischer Kinder an Aufgaben herangehen, desto motivierter sind sie. Wobei die Motivation wie gesagt nur geweckt wird, wenn ein erfolgreiches Resultat wahrscheinlich ist. »Schaffe ich das?«, fragt man sich, um Situationen abzuwägen. Günstig fällt die Antwort bei Menschen aus, die generell davon überzeugt sind, Probleme eigenständig lösen zu können und sich nicht unbezwingbaren Kräften hilflos ausgeliefert fühlen. Experten sprechen dann von einer hohen »Selbstwirksamkeit«. Höheres Zutrauen in die eigenen Fähigkeiten führt, so zeigt die psychologische Forschung, bei gleichen Fähigkeiten zu besseren Ergebnissen und sorgt für eine stabile Lernmotivation.

Kinder müssen erst eine Vorstellung davon entwickeln, ob sie eine Aufgabe bewältigen können oder nicht. Sie beginnen das, was sie tun, zu bewerten. Dabei orientieren sie sich zunächst am Feedback der Erwachsenen, die vermitteln, was gemessen an ihren Erwartungen gut oder schlecht ausgefallen ist. Etwa mit dreieinhalb Jahren freuen sich Kinder und sind stolz, wenn ihnen etwas gelingt, und sind umgekehrt unzufrieden oder enttäuscht, wenn es schiefgeht. Sie glauben, dass das Ergebnis mit ihrer eigenen Tüchtigkeit zusammenhängt und ziehen daraus Rückschlüsse auf ihr eigenes Können. Was Fähigkeit, Begabung oder Intelligenz bedeutet, begreifen Kinder erst mit etwa zehn bis zwölf Jahren – vorher haben sie keine Vorstellung von dieser unsichtbaren Größe.

Bereits im Alter von vier bis fünf Jahren dagegen zeigt sich, wie unterschiedlich Kinder an Aufgaben herangehen, wenn sie die Schwierigkeit der Aufgabe und eigenes Können in Bezug zueinander setzen. Die so genannten »Misserfolgsängstlichen« vermeiden es, sich selbst schwieriger zu erreichende Ziele zu setzen, während die »Erfolgszuversichtlichen« immer neue Herausforderungen suchen. Diese Einstellungen und das Selbstbild, das Kinder von ihren Fähigkeiten entwickeln, sind ein wichtiger Faktor, der den späteren Lerneifer prägt.

Gefühle spielen eine Hauptrolle

Nicht immer deckt sich das, was in der Schule ansteht, auch mit dem, was Kinder interessiert, und sie streben auch nicht in jedem Bereich danach, ihre Fähigkeiten zu verbessern. Zimmeraufräumen ist öde und Hausaufgabenmachen oft langweilig oder schwierig. Außerdem läuft vielleicht gerade die Lieblingsserie im Fernsehen, während man eigentlich am Schreibtisch sitzen sollte. Um mit solchen Situationen umgehen zu können, müssen Kinder lernen, ihre Gefühle zu steuern. »Emotionsregulation« nennen Psychologen diese Fähigkeit. Strategien dafür lernen Kinder – wie so vieles – zunächst in der Familie. Manche Taktiken beherrschen sie instinktiv. Babys wenden beispielsweise automatisch den Blick ab, wenn ihnen Reize zu viel werden, eine frühe Methode, einen Ausweg aus einem unangenehmen Gefühlszustand zu suchen. Anderes lernen Kinder erst nach und nach. Zunächst sind es vor allem Mama oder Papa, die dafür sorgen, dass ihr Schützling sich besser fühlt, indem sie mit positiven Gefühlen gegensteuern, ihn anlächeln, um ihm Mut zu machen, oder ihn mit einem Spielzeug ablenken, wenn er traurig ist. So machen Kinder die verlässliche Erfahrung, dass Kummer oder Schmerz sich verringern lassen und wieder vorbeigehen. Allmählich übernimmt das Kind die Strategien, mit Gefühlen umzugehen, die ihm seine Eltern vorleben und beibringen. Fünf- bis Sechsjährige sind »weitgehend selbstständige Emotionsregulierer«, wie es Elke Wild und Monika Rammert, Autorinnen von ›Hausaufgaben ohne Stress‹, nennen. In diesem Alter können Kinder mit Frust schon ganz gut umgehen und ihre Gefühle kontrollieren. Statt einen Wutausbruch zu bekommen, wenn sie aufräumen sollen, versuchen sie vielleicht eher, über eine Diskussion mit den Eltern noch etwas Spielzeit auszuhandeln.

Hohe emotionale Intelligenz hilft Kindern, erfolgreicher und zufriedener durchs Leben zu gehen, wie Langzeitstudien zeigen. Je besser das emotionale Rüstzeug ist, das Eltern ihnen mitgeben, desto kompetenter werden Kinder im Umgang mit Gefühlen. Das bedeutet für die Erwachsenen nicht nur, ein gutes Vorbild abzugeben, sondern auch, mit ihrem Kind über seine Gefühle zu sprechen, ihm zu erklären, warum andere sich auf bestimmte Art verhalten, und Strategien zu vermitteln, wie es negative Emotionen bewältigen kann. Anregungen dazu finden Sie im Kapitel »Feedback, das anspornt« (Seite 114).

Lernen erfordert Geduld

Ohne Ausdauer funktioniert Lernen nicht. Man benötigt sie, wenn man eine Grammatikregel nicht auf Anhieb versteht oder die Seite im Geschichtsbuch ein zweites Mal lesen muss. Beharrlichkeit zahlt sich aus, denn durch Üben kann man Hirnprozesse in bestimmten Bereichen optimieren. Das haben Hirnforscher der Universität Graz zusammen mit der Kognitionspsychologin Elsbeth Stern vom Berliner Max-Planck-Institut für Bildungsforschung in einem Experiment nachgewiesen. Sie stellten fest, dass auch weniger intelligente Menschen auf ihrem Fachgebiet hohe Leistungen erbringen können und sich das Muster ihrer Hirnaktivierung dabei nicht wesentlich von dem intelligenterer Kollegen unterscheidet.

Ausdauernde Menschen sind anderen oft einen Schritt voraus. So haben etwa Profimusiker bis zu ihrem 18. Lebensjahr bereits doppelt so viele – nämlich 7500 – Stunden mit ihrem Instrument geübt wie Gleichaltrige, die später »nur« Musiklehrer werden.

Geduld können und müssen Kinder lernen. Zunächst haben sie nur eine begrenzte Aufmerksamkeitsspanne. Sechsjährige können sich nur etwa 15 Minuten konzentrieren. Bei Neunjährigen reicht es bereits für 20 Minuten, bei Zwölfjährigen eine halbe Stunde. Allerdings zeigt sich, dass Kinder, die sich im Vorschulalter gut auf eine Aufgabe konzentrieren konnten, darin auch im Alter von elf oder zwölf Jahren besser waren als diejenigen, die damit bereits als Vierjährige Probleme hatten.

Deshalb ist es wichtig, dass Kinder in ihrer Entwicklung immer wieder genügend Zeit bekommen, sich Dingen eingehend zu widmen und dabei zu verweilen, etwa im Spiel. Indem sie sich in eine Sache vertiefen, üben sie, Probleme zu lösen und sich darauf zu konzentrieren. Erwachsene können diesen Prozess unterstützen, ihn begleiten und dazu anleiten. Gelingt das nicht, kann das schwerwiegende Folgen haben. Klaus Gebauer, ehemaliger Schulleiter, beschreibt in seinem Buch ›Klug wird niemand von allein‹, dass es vielen Schulkindern unter anderem auch deswegen schwerfällt, sich längere Zeit auf eine Sache zu konzentrieren, weil sie als Kleinkinder nicht ausdauernd gespielt haben: »In der Schule fallen Kinder, die keine Chance hatten, das ruhige Spielen zu lernen, oft durch Verhaltens- und Lernprobleme auf. Sie können sich nicht auf Unterrichtsinhalte konzentrieren, Lerninhalte nicht im Gedächtnis behalten und sie daher auch nicht in neuen Zusammenhängen anwenden.«

Kinder lernen erst allmählich, vorausschauend zu planen, sich Ziele zu stecken und sie umzusetzen. Bei Fünf- oder

Sechsjährigen kann man die Selbststeuerung hören. Sie lenken das eigene Verhalten mit Handlungsanweisungen, die sie sich zusprechen. So beten sie sich etwa »Links, rechts, links« vor, wenn sie am Zebrastreifen stehen und den Verkehr beobachten. »Private Speech« nennen Experten diesen Dialog mit sich selbst, der beim Planen von Handlungen, beim Steuern und Durchhalten hilft. Im Verlauf der ersten Schuljahre nimmt er immer mehr ab, wird zunächst leiser und beschränkt sich dann auf Lippenbewegungen und stummes Sprechen. Etwa im Alter von neun oder zehn Jahren laufen die Instruktionen nur noch im Kopf ab, sind von außen nicht mehr zu erkennen.

Sich durchzubeißen, vor allem, wenn es mühsam ist und Ablenkungen dazwischenfunken, erfordert die Fähigkeit zum Belohnungsaufschub, die Kinder im Laufe ihrer Entwicklung lernen müssen. Um den inneren Schweinehund bezwingen zu können, muss man akzeptieren, dass nicht alle Bedürfnisse sofort befriedigt werden. Kinder wollen aber immer alles, und das sofort. Erst um das vierte Lebensjahr herum begreifen sie, dass es nicht nur eine Gegenwart gibt, sondern auch Vergangenheit und Zukunft. So entwickelt sich ihr autobiografisches Gedächtnis. Dieses Konzept hilft ihnen zu planen, sich Ziele zu setzen und mögliche Folgen von Handlungen abzuschätzen, indem sie sie mit früheren Erfahrungen vergleichen. Aber bereits Vierjährige können das Warten unterschiedlich gut ertragen, wie eine Untersuchung in den 70er Jahren zeigte. Der Persönlichkeitspsychologe Walter Mischel lockte Vorschulkinder mit Süßigkeiten – eine kleine Belohnung sofort, oder eine größere, wenn sie es schafften, 20 Minuten darauf zu warten. Erschwert wurde die Aufgabe dadurch, dass die Kinder die Leckereien die ganze Zeit vor Augen hatten. Diejenigen, die der Versuchung besonders gut widerstanden, setzten clevere Strategien ein. Sie wandten den Blick weg von den Verlockungen oder lenkten sich selbst ab, indem sie beispielsweise vor sich hin sangen. Als die Süßigkeitenforscher die Kinder im Jugendalter noch einmal untersuchten, zeigte ihr Test erstaunliche Zusammenhänge. Diejenigen, die bereits als Vierjährige geduldig warten konnten, hatten als Teenager die höhere soziale Kompetenz. Sie konnten besser mit Frustrationen umgehen, waren selbstsicherer und hatten bessere Schulnoten.

»Unsere größte Schwäche liegt im Aufgeben. Der sicherste Weg zum Erfolg ist immer, es doch noch einmal zu versuchen.«
Thomas Alva Edison, Erfinder

Welche Störfaktoren führen dazu, dass aus wissbegierigen Kleinkindern träge Schüler werden, die Null Bock haben, das Bild für Kunst fertig zu malen, die maulen, wenn sie im Haushalt helfen sollen oder Strichmännchen kritzeln, statt Mathegleichungen zu lösen? Dieses Kapitel will erklären, welche Saboteure die Lernlust, die Willenskraft und den Arbeitseifer verringern. Dabei gibt es Ursachen, die kurzfristig bremsen – wie Gleichung Nummer fünf, die abschreckt, weil sie so schwierig ist –, und solche, die langfristig und grundlegend Einfluss nehmen – wie Werte und Einstellungen zu Schule und Lernen, die Sie als Eltern Ihrem Kind vermitteln. Immer ist auf jeden Fall entweder der Anreiz nicht verlockend oder es erscheint nicht wahrscheinlich genug, dass man tatsächlich mit seinen Bestrebungen etwas erreichen wird. Bei manchen Kindern betrifft die Lustlosigkeit die komplette Palette des schulischen Lernens, bei anderen fehlt der Antrieb nur für bestimmte Fächer. Der Test nach Seite 64 hilft bei der individuellen Diagnose.

Fehlende Liebe hemmt das Wachstum

Wie wir aus dem vorherigen Kapitel wissen, bestimmen nicht nur genetische Voraussetzungen die Entwicklung der Motivation. Menschen sind soziale Wesen, »Beziehungstiere«, wie der Freiburger Mediziner Joachim Bauer sagt.

Mangelt es in frühen Jahren an Liebe, Geborgenheit und Sicherheit, kann sich bei Kindern das für Emotionen, Lernen und Gedächtnisbildung zuständige limbische System im Gehirn nicht ausreichend entwickeln. Das bedeutet, dass bei Vernachlässigung oder gar Missbrauch im Kleinkindalter die für Lernen und Emotionen wichtigen synaptischen Schaltkreise nicht optimal angelegt werden. »Liebesentzug schädigt das Belohnungssystem«, bringt es die Magdeburger Neurobiologin Anna Katharina Braun auf den Punkt. Emotionale Narben aus der frühen Kindheit haben später im schlimmsten Fall Lern- und Verhaltensdefizite zur Folge, wenn sich die Fehlschaltungen verfestigen. Die Mängel zu korrigieren, ist ein schwieriger Prozess und zum Teil nur noch eingeschränkt möglich.

Das Motto sollte daher lauten: »Nimm! Mich! Wahr!«. Die Zusammenhänge erläutert Joachim Bauer in ›Psychologie Heute‹: »Eine Voraussetzung für Beziehung ist Sehen und Gesehenwerden: Menschen wollen – auch aus neurobiologischer Sicht – als Person wahrgenommen werden. Wenn sie dies spüren, erzeugt allein dieser Umstand Motivation. Nichtbeachtung ist ein Beziehungs- und Motivationskiller und Ausgangspunkt für aggressive Impulse.«

Desinteressierte Eltern und die Auswirkungen dieser Einstellung kennt Grundschullehrerin Evelyn Brumder aus Hamburg zur Genüge: »Viele meiner Schüler nehmen ihre Arbeiten aus dem Kunstunterricht gar nicht erst mit nach Hause, weil sie wissen, dass sie dort im Mülleimer landen. Wie sollen sie dann lernen, dass es sich lohnt, sich anzustrengen?« Ebenso hemmend wie Gleichgültigkeit kann es sich auf Dauer auf die Motivation auswirken, wenn Eltern und Schule übermäßigen Druck ausüben und zu hohe Leistungsansprüche stellen. Schüler, die sich permanent überfordert fühlen, lernen nicht mit Freude (siehe auch »Belastungen rauben Energie«, Seite 39).

Schlechtes Schulklima steckt an

Da Beziehungen für die Leistungsbereitschaft ganz entscheidend sind, kann auch im Klassenzimmer niemand »neutral« lernen. Die Person des Lehrers, gegenseitige Sympathie oder Antipathie spielen eine große Rolle. Experte Bauer nennt als Erfolgsgeheimnis guten Unterrichts in seinem Buch ›Lob der Schule‹ die Beziehung zwischen Lehrer und Klasse, und ob der Lehrer »Kontakt mit den Schülern herstellen und ihre Aufmerksamkeit fesseln kann«.

Das ist allerdings gar nicht so einfach, wenn die Chemie nicht stimmt. Ein Lehrer, den die Schüler nicht mögen, erreicht diese auch mit vorbildlicher Didaktik nur schwer. Doch oft hapert es an viel grundsätzlicheren Dingen, die ganz leicht zu korrigieren wären: Untersuchungen zeigen, dass viele Lehrer meist nur dann Feedback geben, wenn sie kritisieren, Lob erfolgt viel zu selten und dann oft pauschal. Man muss kein Experte sein, um zu verstehen, dass Beleidigungen wie »Ihr werdet es wohl nie kapieren« oder »Du bist auch nicht gerade die Tochter von Adam Riese« Interesse oder Begeisterung im Keim ersticken. Eine gefährliche Übertragung setzt ein. Wer den Lehrer nicht mag, lehnt auch »sein« Fach ab. Frau Schmidt ist doof = Mathe ist doof. Selbst nach einem Lehrerwechsel, wenn der eigentliche Grund für die Abneigung wegfällt, bleibt der zweite Teil der Gleichung meist erhalten. Das Fach hat ein negatives Image, das nur zögerlich wieder weicht. Und je mehr frustrierende Erfahrungen ein Kind in der Schule macht, umso tiefer sinkt seine Bereitschaft, ungeliebten Fächern noch eine Chance zu geben.

Nicht nur verbale Gemeinheiten oder unbedachte Äußerungen der Pädagogen, sondern das Gesamtbild ihrer Performance wirkt auf die Schülermotivation. Eine Egal-Haltung dem Unterricht gegenüber vermittelt: »Mein Fach ist es nicht wert, gemocht zu werden.«

Im Schulalltag stellen individuelle Förderung oder gar intensive persönliche Beziehungen leider die Ausnahme dar. Dabei belegen Studien, dass die intrinsische Motivation umso mehr steigt, je weniger direktiv und kontrollierend ein Lehrer auftritt, und je besser seine Beziehung zu den Schülern ist. Wenn Schüler bei der Unterrichtsgestaltung mitreden dürfen, sich selbstbestimmt fühlen und öfter mal Gruppenarbeit auf dem Plan steht, lernen sie lieber. Und sie profitieren sogar davon, wenn es ihren Lehrern gut geht: Prämien oder andere kleine Belohnungen für Pädagogen verbessern die Lernergebnisse der Schüler, so eine amerikanische Studie. Solche Prämien sieht das deutsche Bildungssystem allerdings nicht vor.

Neben dem, was im einzelnen Klassenzimmer passiert, spielt das an der gesamten Schule vorherrschende Klima eine Rolle. Welche Art von Unterrichtskultur wird gepflegt, wie unterstützend sind die Lehrer untereinander, besteht Einigkeit darüber, wie Noten vergeben werden und welche Werte vermittelt werden sollen? In einer großen Vergleichsstudie aus den 1970er Jahren wies Schulforscher Michael Rutter nach, dass über die Hälfte der Leistungsunterschiede zwischen Schülern vom pädagogischen Konsens unter den Lehrern abhängen. Je mehr Einigkeit unter den Pädagogen herrschte, desto lernbereiter zeigten sich die Schüler.

Manchmal ist eine ungute Arbeitshaltung auch das Ergebnis von »Peer Pressure«, dem Druck, den Gleichaltrige ausüben. Wenn die angesagte Parole »Null Bock auf Lernen« lautet und Leistung als uncool gilt, fällt es schwer, sich dagegen zu behaupten. Für Kinder gibt es kaum ein schlimmeres Schimpfwort als »Streber«. Und sie hören es oft: In einer neuen Studie der Chemnitzer Psychologin Astrid Schütz gaben 30 Prozent der Befragten an, bereits von Mitschülern abfällige Bemerkungen auf Grund ihrer guten Schulleistungen gehört zu haben. Fast ein Viertel der Schüler hat zumindest bisweilen Angst davor, als Streber bezeichnet zu werden. Schüler, die diesen Stempel häufiger aufgedrückt bekommen, sind zwar gewissenhafter, aber auch introvertierter als der Rest der Klasse.

Dass Kinder der Schule immer ablehnender gegenüberstehen, je länger sie diese besuchen, erscheint mittlerweile normal. Internationale Vergleichsstudien zeigen aber, dass in anderen Ländern die Lernfreude weniger stark absinkt als in Deutschland. Institutionelle Unterschiede wirken sich also aus. Zum Teil können Eltern jedoch Nachteile kompensieren, etwa indem sie eine gute Beziehung zur Schule pflegen, regelmäßig die Elternabende besuchen, sich für Schulfeste oder Ausflüge als Freiwillige melden und Kontakt zu den Lehrern ihres Kindes suchen, ohne sich zu stark einzumischen.

Elternangst macht Kinder unselbstständig

Lernen bedeutet nicht immer Spaß, oft erfordert es Leistungsbereitschaft und Willenskraft. Beides muss man trainieren. Doch viele Kinder lernen im Alltag nicht, Frustration auszuhalten, Hindernisse zu überwinden und Unangenehmes durchzustehen. Das kann dazu führen, dass es ihnen auch beim Lernen schwerfällt, sich zu überwinden, wenn es mal schwierig wird. Sie verlieren dann leicht ein längerfristiges Ziel gegenüber kurzfristigem Spaß aus den Augen.

Der Potsdamer Psychologe Falko Rheinberg, der seit über 30 Jahren das Phänomen der Motivation erforscht, macht neben Vernachlässigung (siehe Seite 30 f.) das andere Erziehungsextrem, Überbehütung, für Motivationsprobleme bei Kindern verantwortlich. Schulpsychologe Gustav Keller, Autor des Buches ›Ich will nicht lernen!‹ schätzt sogar, dass rund 40 Prozent aller Motivationsstörungen auf übermäßiges Verwöhnen und In-Watte-Packen zurückgehen.

Wenn kleinen Prinzen und Prinzessinnen jeder Wunsch

sofort erfüllt wird, verkümmert die elementar wichtige Fähigkeit zum so genannten »Bedürfnisaufschub«, und sie entwickeln eine geringe Frustrationstoleranz. Eltern, die es ihren Kindern leicht machen wollen, daher nur geringe Ansprüche an sie stellen und ihnen alles abnehmen, erweisen ihnen damit langfristig keinen Gefallen – und sich selbst ebenfalls nicht.

Eltern sollten nicht jedes Anliegen des Sprösslings zu ihrem eigenen machen. Einen Streit mit Gleichaltrigen können Kinder im Normalfall allein schlichten, den Lehrer nach einer Begründung für ihre schlechte Note fragen auch – und an den Turnbeutel denken sowieso. Grundschullehrerin Evelyn Brumder beobachtet immer wieder, wie Mamas ihren Kindern den Schulranzen, den *sie* abends gepackt haben, bis zur Schulgarderobe tragen. »Viele Kinder wissen nicht einmal, was in ihrer Tasche ist«, sagt sie. »Kein Wunder, dass sie sich nicht für ihr eigenes Lernen verantwortlich fühlen.« Eine solche Haltung erschwert es ihnen, sich abzunabeln, selbstständig zu werden und mit Belastungen umzugehen. Das führt dazu, dass ihre Motivation immer eine bleibt, die von außen kommt, von den Eltern angefeuert und in Gang gehalten.

Die Ursache für all das Kümmern, Behüten und Verwöhnen sieht Silke Pfersdorf vor allem in der ›Erziehungsfalle Angst‹, wie auch der Titel ihres Buches lautet. Sie befürchtet, dass eine ganze Generation von Kindern später unter den Folgen zu leiden haben wird. Immer schon haben sich Mütter und Väter um das Wohlergehen ihrer Kinder gesorgt. Aber nie haben sie deswegen so massiv in das Leben ihrer Kinder eingegriffen, so Pfersdorfs These. Heute reichen nicht mehr Verbote und Ermahnungen, stattdessen wollen sich Eltern ständig selbst davon überzeugen, dass es ihren Kindern gut geht. Standby-Leitung zum Kinderhandy, Über-die-Schulter-sehen beim Internetchat und Chauffeurservice von Haustür zu Schultor sind charakteristisch für die heutige total überwachte Kindheit. »Helicopter-Parents« heißen sie im Englischen, die Eltern, die quasi immer wie ein Hubschrauber über ihren Kindern kreisen. Eine Mutter füllt die Sandkiste ihres Kindes mit Grieß, damit es keinen Dreck in den Mund steckt, eine andere patrouilliert während des Sportunterrichts vor der Turnhalle, damit die Tochter nicht zu wagemutig wird. Liebe ist wichtig, aber nur dann motivationsfördernd, wenn sie nicht einengt. Ängstliche Eltern ziehen ängstlichen Nachwuchs heran. Überbehütete Kinder haben ein erhöhtes Risiko dafür, später eine Angststörung zu entwickeln. Und Eltern hätten allen Grund, etwas gelassener zu sein. So verunglückten zum Beispiel nie weniger Kinder tödlich im Straßenverkehr als heute. Doch sich Sorgen zu machen liegt bei uns im Trend. Während 46 Prozent der Bewohner des Pisa-Spitzenreiters Finnland glauben, dass es ihre Kinder einmal leichter haben werden als sie selbst, sind in Deutschland nur drei Prozent dieser Ansicht.

Das Signal, das Eltern ihren Kindern senden, wenn sie ihnen jeden Stolperstein aus dem Weg räumen, lautet: »Du kannst das nicht.« Warum sonst sollte Mami alles übernehmen?

Ähnlich ungünstig ist es, wenn Eltern keine Maßstäbe vermitteln, was sie als normale und was als besondere Leistung sehen. Der Psychologe Falko Rheinberg kritisiert Eltern, die zu unbedacht loben: »Wenn mit Emphase alles beklatscht wird, was das Kind tut, setzen sich Kinder keine herausfordernden Ziele. Wenn man jede Selbstverständlichkeit lobt, bedeutet das Lob nichts mehr.« Journalist Christian Nürnberger hat auf das Phänomen des Überlobens im Magazin der ›Süddeutschen Zeitung‹ hingewiesen. Als Beispiel führte er an, dass Kinder für ein hingekritzeltes Bild zwar gelobt werden wollen, ab einem bestimmten Alter aber auch Anregungen zur Verbesserung erwarten. Da dies für Erwachsene mühsam und zeitaufwändig sei, speisten sie Kinder stattdessen mit einem schnellen Lob ab: »Dieses lieblose

Lob, das Kindern aus purer Bequemlichkeit oder Routine immer nur sagt, wie super, cool, toll sie seien, verhindert deren Entwicklung und macht sie zu Geschöpfen, die ständig zwischen Größenwahn und existenzieller Unsicherheit pendeln. Gedankenlos gelobte Kinder gewinnen keine Maßstäbe.«

Kinder können oft viel mehr, als ihre Eltern ihnen zutrauen. Sie benötigen lediglich den Freiraum zu experimentieren, damit sie lernen, ihre Fähigkeiten einzuschätzen. Dabei müssen sie auch Fehler machen und deren Konsequenzen tragen, um zu erfahren, dass sie Probleme lösen können. Kinder brauchen Herausforderungen. Wer fordert, fördert!

Belohnungen lohnen nicht immer

Viele Eltern versprechen Prämien, um unangenehme Dinge schmackhaft zu machen. Vom Stofftier für das Seepferdchen-Abzeichen bis zur Pop-CD für die Zwei in Physik. Das kann allerdings nach hinten losgehen, wie ein Experiment aus den 1970er Jahren zeigte. Forscher beobachteten Kindergartenkinder, die alle gern malten, und teilten sie in drei zufällige Gruppen ein. Alle hatten die Aufgabe, Bilder zu malen. Mit einem Unterschied: Einigen Steppkes wurden vor dem Malen Süßigkeiten versprochen, die sie danach auch erhielten. Die zwei anderen Teams werkelten ohne Vorgabe. Von diesen beiden bekam eine Gruppe gar nichts, die andere hin und wieder eine leckere Überraschung. Die Untersuchung lief über mehrere Wochen. Bemerkenswertes Ergebnis: Die Kinder, denen die Bonbons schon vorher sicher waren, hatten am Schluss am wenigsten Lust auf die kreative Arbeit. Die Freude über die Prämie hatte ihren Spaß an der Sache überlagert. Ihre anfänglich vorhandene intrinsische Motivation war aufgrund der extrinsischen Anreize zum Erliegen gekommen. Am ausdauerndsten malten die nur gelegentlich überraschend verwöhnten Kinder, die sich der Süßigkeiten nie sicher waren. Daher empfehlen Experten, Kinder nicht für Aufgaben zu belohnen, die sie ohnehin gern erledigen, wenngleich von Belohnungen nicht generell abzuraten ist. Man muss sie nur richtig einzusetzen wissen. So kann etwa ein kleiner Anschub eine ungeliebte Aufgabe schmackhaft machen. Doch daran sollten sich Kinder nicht gewöhnen, sonst schwindet ihr Ehrgeiz, sobald die Belohnung wegfällt.

Stress schädigt das Gehirn

Immer wenn kognitive Prozesse ablaufen, spielen Emotionen mit. Lernen lässt sich vom Fühlen nicht trennen, wie wir im Kapitel »Was ist Motivation?« gesehen haben. Während Liebe und Spaß, Neugier und Interesse mächtige Triebfedern für die Handlungsenergie sind, wirken negative Emotionen wie Bremsen. Stress, Angst oder Ärger können den Lerneifer effektiv sabotieren.

Mit Angst oder unter Stress kann man zwar auch lernen. Aber die Angst wird quasi mitgelernt. Nach einer einmal als frustrierend erlebten Lerneinheit sinkt die Lust, sich ein weiteres Mal darauf einzulassen. Dabei müssen die unangenehmen Gefühle gar nicht direkt mit dem Lernen verbunden sein, auch schlechte Stimmung aus anderen Ursachen kann den Motor abwürgen. Ein Streit vor den Hausaufgaben ist also Gift für die Schaffenskraft. Verhaltensbiologin Anna Katharina Braun konnte mit ihrem Team nachweisen, dass Panik und Stress die Hirntätigkeit um bis zu 50 Prozent reduzieren. Anspannung hemmt zudem die Kreativität und die Fähigkeit, Probleme zu lösen. Mit dem Phänomen Stress ist mittlerweile bereits ein Großteil der Kinder im Grundschulalter vertraut. 72 Prozent der Sieben- bis Elfjährigen und 81 Prozent der Zwölf- bis 16-Jährigen kennen das Gefühl, wie eine Untersuchung des Psychologen Arnold Lohaus zeigte.

Negative Gefühle bremsen nicht nur kurzfristig, sondern schaden auch langfristig. Schuld daran sind Stresshormone wie Cortisol, die das Gehirn unter Beschuss nehmen, besonders den Hippocampus, der für das autobiografische und Faktengedächtnis zuständig ist. Dort verringern sich die Verästelungen zwischen den Nervenzellen, und der Bereich schrumpft. Das Erwartungs- und Belohnungssystem reduziert die Ausschüttung von Dopamin. Gleichzeitig werden solche Bereiche immer besser vernetzt, in denen Angst erzeugt wird, sodass der Körper in dauerhafter Alarmbereitschaft steht. »In Extremfällen wie Isolation oder sozialer Ausgrenzung können sogar Gene im Bereich der Motivationssysteme inaktiviert werden«, so Joachim Bauer. Welche Situationen für die Lustlosigkeit genau verantwortlich waren, daran erinnert sich das Gehirn später nicht mehr, es verallgemeinert Erfahrungen, die es wiederholt gemacht hat. Darum ist es so schwierig umzulernen.

Belastungen rauben Energie

Was verursacht Kindern Stress? Zum einen sicherlich ein oft übervoller Terminkalender. Laut Statistik ist bereits ein Zehnjähriger pro Tag nur eine Stunde unverplant. Neben Zeitmangel bedeutet zudem alles Stress, was Körper und Seele aus dem Gleichgewicht bringt. Was Eltern belastet, belastet auch Kinder, die für Probleme sehr feine Antennen haben. Geldsorgen, Arbeitslosigkeit, Streit, Trennung, Zoff mit Freunden oder der Tod eines geliebten Haustiers können sie aus der Bahn werfen und kosten Energie, die dann zum Lernen fehlt. Manche Kinder werden »schwierig«, wenn sie sich hilflos fühlen. Schulpsychologe Gustav Keller kennt aus seiner Praxis viele Fälle, in denen Kinder auffällig werden, um unbewusst ein Auseinanderstreben der Eltern zu verhindern. »Wenn ich Probleme verursache, müssen sie sich gemeinsam um mich kümmern«, ist der Gedanke, der dahintersteckt.

Mit Symptomen wie Bauchweh, Kopfschmerzen oder Schlaflosigkeit reagieren Kinder oft auf Belastungen. Nach Schätzungen werden etwa zehn bis 15 Prozent aller Schulkinder Opfer von Mobbingattacken durch Klassenkameraden oder Lehrer, etwa vier Prozent davon sind besonders schwere Fälle. Wie die Achtzehnjährige, die auf der Website www.schueler-mobbing.de von dem jahrelangen Psychoterror berichtet: »Papierkügelchen, meist angesabbert, aus meinen Haaren zu fischen, war während meiner ganzen Schulzeit mehrmals am Tag an der Tagesordnung, Schimpfwörter, böse Briefchen, vor die Füße/auf die Schuhe gespuckt bekommen, Verarschungen, Gerüchte ebenso ... Ich wurde immer verschlossener, ruhiger und ängstlicher ... Oft saß ich alleine zu Hause, weinte, ritzte, zerstörte Dinge und dachte über mein Leben nach. Meine Noten wurden immer schlechter, ich war sehr oft geistig abwesend in der Schule und versuchte nur zu entkommen. Ließ mich oft wegen angeblicher Übelkeit von meiner Großmutter abholen oder ins Krankenzimmer schicken, nur damit ich fliehen konnte.« Dass in Fällen wie diesem die Lernlust verebbt, verwundert nicht.

Doch nicht nur seelische, auch körperliche Faktoren haben Einfluss auf die Leistungsfähigkeit. Wie wach, aufmerksam oder hungrig wir sind, beeinflusst unsere Motivation enorm. Je mehr Störreize Gehirn und Körper ablenken, desto schwerer fällt es, sich auf die eigentliche Aufgabe zu konzentrieren. Körperliches Leiden verschlechtert das Gedächtnis, wie Forscher der kanadischen Universität Alberta nachwiesen. Zwei Drittel der von ihnen untersuchten Patienten mit chronischen Schmerzen zeigten bei Hirnleistungstests deutliche Aufmerksamkeits- und Gedächtnisstörungen. An schmerzfreien Tagen verbesserten sich ihre Ergebnisse. Im aktuellen Kinder- und Jugendgesundheitssurvey 2007 (KiGGs) des Robert-Koch-Instituts gaben drei von vier Kindern zwischen elf und 17 Jahren an, in den letzten drei Monaten Schmerzen gehabt zu haben. Am häufigsten litten sie unter Kopfweh.

Lärm lähmt. Studien haben ergeben, dass Grundschulkinder Fakten, die sie in lauter Umgebung aufgenommen haben, nur schwer im Kurzzeitgedächtnis speichern können. Dabei ist der Geräuschpegel in Klassenzimmern meist sehr hoch, aufgrund von schlechter Akustik mit starkem Nachhall, großen Klassen und lautem Geplapper.

Immer mehr Studien belegen zudem, dass Schlafmangel wie Gift auf die Lernfähigkeit wirkt. Neurologe Jeffrey Ellenbogen und seine Kollegen von der Harvard Medical School wiesen nach, dass Testpersonen, die nach einer Gedächtnisübung eine Nacht darüber geschlafen hatten, sich viel besser an die zu lernenden Wortpaare erinnern konnten als die Vergleichsgruppe, die zwischen zwei Tests am Morgen und dann am Abend nicht geschlafen hatte. Wenn Schlaf und Pausen fehlen, macht die Konzentration schlapp, und man kann sich schlechter gegen Störer abschirmen, seien es ablenkende Gedanken oder Geräusche. Die Konzentration wird in der Schule häufig überstrapaziert. Schließlich sind Aufmerksamkeit und Stillsitzen nur begrenzt möglich, ohne Pausen kann das Gehirn nicht arbeiten. Strömen zu viele Reize gleichzeitig ein, streikt es. Die Balance von anregenden und entspannenden Phasen ist wichtig. Kinder benötigen echte Pausen – mit Frischluft, einem Schluck zu trinken und Bewegung, statt »Abreagieren« vorm Fernseher oder PC. Sogar Zeiten des Nichtstuns sind wichtig, um die Chance zu haben, Reize zu verarbeiten und den Gedanken nachhängen zu können.

Auch aus einem anderen Grund fehlt häufig die Energie: Etwa ein Viertel aller Kinder kommt in die Schule, ohne gefrühstückt zu haben – bei den Kindern aus einkommensschwachen Familien sind es sogar über 40 Prozent. Das erschwert die Konzentration, denn über Nacht leeren sich die Kohlenhydratspeicher und die Gehirnzellen verlangen nach Glukose. Füllen sich die Kids dann in den Pausen die Mägen mit Softdrinks und ungesunden Snacks oder Süßigkeiten, torpedieren sie ihre Leistungsfähigkeit. Zucker liefert dem Gehirn zwar die Energie, die es zum Arbeiten benötigt. Doch die Powerwirkung hält nur kurz an, denn der Blutzuckerspiegel sinkt nach dem schnellen Schub oft noch unter das vorherige Niveau. Das macht schlapp und antriebslos. Zudem wird gleichzeitig das Hormon Adrenalin ausgeschüttet – bei Kindern zehnmal so stark wie bei Erwachsenen. Das steigert Nervosität und Konzentrationsstörungen. Ein gesundes Frühstück mit Vollkornbrot oder Müsli, dazu etwas Obst, würde dies verhindern.

Überforderung mindert die Kraft

»Ich schaffe das nicht!« Diese Überzeugung hindert viele Kinder daran durchzustarten. Erinnern wir uns an das erste Kapitel: Das Erwartungs- und Belohnungssystem wird nur dann aktiv, wenn eine Tätigkeit erstrebenswert und gleichzeitig zu bewältigen erscheint. Haben Kinder das Gefühl, einer Aufgabe nicht gewachsen zu sein, kann die Belohnung noch so verlockend sein, die Hürde liegt trotzdem unglaublich hoch.

Das Gefühl der Überforderung kann daher rühren, dass man nicht über die kognitiven oder motorischen Kompetenzen verfügt, um eine Aufgabe zu lösen. Oder dass man, wie die 13-jährige Sabrina, an einer Lernstörung leidet. Bei ihr wurde Legasthenie diagnostiziert, eine genetisch bedingte Lese-Rechtschreib-Störung, von der etwa drei bis fünf Prozent aller Kinder betroffen sind. Sie lassen einzelne Buchstaben weg, verwechseln sie oder fügen falsche hinzu. So wird bei Sabrina aus der »Wiese« mal eine »Weise«, dann eine »Weiße« oder gar eine »Wiesse«. Das Abschreiben aus einem Buch oder von der Tafel gelingt Kindern wie ihr nur mit vielen Fehlern. Beim Lesen fällt es ihnen schwer, die einzelnen Laute sinnvoll zu verbinden. Und der Lerneffekt verschwindet innerhalb von Stunden. »Auch wenn ich den ganzen Nachmittag für ein Diktat geübt hatte – am nächsten Tag wusste ich nichts mehr«, erinnert sich Sabrina an die Zeit vor ihrer Therapie. Buchstabensuppe und Wortsalat verderben die Lust am Lesen und Schreiben. Dabei sind Legastheniker nicht weniger intelligent als andere Kinder.

Hinter auffälligen Problemen mit Zahlen kann Dyskalkulie, Rechenschwäche, stecken. Ein weiteres, weit verbreitetes Handicap unter Schülern stellt AD(H)S, das Aufmerksamkeitsdefizit-Hyperaktivitäts-Syndrom, dar. Die betroffenen Zappelphilippe und Träumerinnen haben Probleme, aus den unzähligen auf sie einströmenden Reizen die wichtigen herauszufiltern. Werden die Störungen von Fachleuten diagnostiziert, haben betroffene Kinder die Chance, damit umgehen zu lernen.

Falls Sie den Verdacht haben, dass Ihr Kind unter einer dieser Störungen leidet, sollten Sie abklären lassen, ob dies der Fall ist, damit Ihr Kind die richtigen Strategien an die Hand bekommt, um mit seinen Schwächen umzugehen. Viele Bundesländer schreiben in ihren Schulgesetzen Erleichterungen für Legastheniker vor. Sie erhalten etwa mehr Zeit bei Klassenarbeiten oder dürfen Hilfsmittel benutzen.

Überforderung ist für viele Schüler mittlerweile ein Dauerzustand. Etwa, weil sie eine Schulform besuchen, die nicht kompatibel mit ihren Fähigkeiten ist. Viele Eltern wünschen sich, dass ihr Kind aufs Gymnasium geht und Abitur macht, doch diese Vorstellung ist nicht immer realistisch, wenn man bedenkt, dass nur rund 25 Prozent der Schüler eines Jahrgangs die Schule tatsächlich mit der Hochschulreife abschließen. Psychologe Falko Rheinberg konstatiert: »Viele Eltern stellen bereits an Vorschulkinder enorme Anforderungen. Das überfordert Kinder. Statt Hoffnung auf Erfolg zu lernen, erfahren sie ständig die Angst vor Misserfolg.« Ein absoluter Frustfaktor – denn nur, wer an sich selbst und seine Fähigkeiten glaubt, hat Spaß am Lernen. Überzogene Erwartungen hemmen. Eine US-Studie zeigte, dass auf Perfektionismus gedrillte Kinder bei gleichem Ergebnis weniger zufrieden mit ihrer Leistung sind als ihre Klassenkameraden mit normalen Ansprüchen. Zudem haben sie Angst davor, Fehler zu machen.

Zahlreiche Bildungsreformen in den letzten Jahren haben dafür gesorgt, dass sich der Druck auf die Schüler enorm erhöht hat. Die in vielen Bundesländern durchgeführte Schulzeitverkürzung auf dem Gymnasium von neun auf acht Jahre bedeutet mehr Stoff in kürzerer Zeit. Eine steigende Zahl von Vergleichstests verursacht Stress. Auch werden Kinder heute immer früher eingeschult und sind damit noch sehr jung, wenn sie mit dem Druck umgehen müssen, den die wichtige Übertrittsentscheidung für die spätere Schullaufbahn darstellt. Häufen sich auf der weiterführenden Schule über längere Zeit schlechte Noten, und macht sich bei Ihrem Kind zunehmend das Gefühl breit, den Anforderungen nicht gewachsen zu sein, sollten Sie ernsthaft einen Schulwechsel in Betracht ziehen. Aufstiegschancen gibt es auch später noch – sofern der Wille da ist.

Die größte Hürde, die Schüler nachmittags am Schreibtisch nehmen müssen, ist die erste: Wie fange ich an? Wenn sie nur den großen, unbezwingbaren Berg an Hausaufgaben sehen, schwindet ihr Pioniergeist schnell. Zudem sind die Aufgabenstellungen, die Lehrer für klar verständlich halten, den Schülern oft zu wenig konkret. Oder sie wissen nicht genau, was sie aufhaben, weil sie im Unterricht geträumt, nur halbherzig mitgeschrieben, gerade mit dem Nachbarn geplaudert haben.

Haben sie den Einstieg dennoch gemeistert, fehlt oft das nötige Handwerkszeug für den weiteren Weg, etwa die Kenntnis sinnvoller Lernstrategien. Lernen ohne Plan erschwert die Arbeit, verlängert sie unnötig und frustriert. Viele Schüler beobachten ihren eigenen Lernprozess zu wenig. Sie können zum Beispiel nicht sagen, wie lange sie benötigen, um 20 Englischvokabeln zu lernen oder einen fünfseitigen Text aus dem Erdkundebuch zu lesen. Oder wie sie vorgehen, wenn sie ein Gedicht auswendig lernen. Immer mehr Schulen integrieren daher Kurse zum »Lernen lernen« in den Stundenplan. Wenn Kinder die richtigen Methoden zum Problemlösen an die Hand bekommen, wächst ihr Glaube an die eigene Fähigkeit, Probleme zu lösen, und ihre Motivation steigt.

Wer sich für dumm hält, wird es auch

Nicht nur konkrete Handicaps, auch mentale Blockaden bremsen den inneren Antrieb. Schenken Sie den Einstellungen, die Ihr Kind zum Lernen hat, ein wenig Aufmerksamkeit. Wie reagiert es beispielsweise, wenn es eine Klassenarbeit in den Sand gesetzt hat? Einen solchen Misserfolg kann man sich ganz unterschiedlich erklären. Ihr Kind könnte über eine Fünf in Mathe etwa Folgendes denken:

Ich habe die Arbeit verhauen, weil …
… ich nicht genug gelernt habe.
… ich die falschen Kapitel zur Vorbereitung ausgewählt habe.
… ich Kopfschmerzen hatte und mich nicht konzentrieren konnte.

Oder aber:
Ich habe die Arbeit verhauen, weil …
… die Aufgaben so blöd gestellt waren.
… ich einfach Pech hatte.
… mich der Lehrer nicht mag.
… ich für Mathe zu dumm bin.

Wer sich den Fünfer mit den ersten drei Antworten begründet, hat eine gute Chance, beim nächsten Mal wieder optimistisch ans Werk zu gehen und aus Fehlern zu lernen, weil er die Schuld nicht auf andere schiebt, sondern bei sich selbst nach den Ursachen sucht. Krankheit kann man zwar nicht beeinflussen, wie viel und was man lernt, allerdings schon. Mit den unteren Antworten nimmt Ihr Kind sich dagegen selbst den Wind aus den Segeln. Denn warum sollte es sich anstrengen, wenn das sowieso nichts bringt?

Ein Teufelskreis: Wer sich für dumm hält, dessen Leistungen sinken. Und Kinder glauben sehr schnell daran, wie der amerikanische Psychologe Denis Waitley zeigte. In einer Studie erklärten Lehrer ihren Schülern jeweils, dass entweder Kinder mit blauen oder braunen Augen intelligenter seien als die anderen. Daraufhin schnitten diejenigen, die sich nun für dümmer hielten, in Tests schlechter ab. Auch eine neue Studie der University of Chicago belegt die Macht des Vorurteils. Mädchen, die vorher die (nicht zutreffende!) Aussage gehört hatten, dass Jungen generell besser in Mathe seien, lieferten in Mathematiktests schlechtere Leistungen. Die Forscher stellten fest, dass ihr Arbeitsgedächtnis nicht mehr so gut funktionierte und es ihnen erschwerte, die Aufgaben zu lösen. Das vermieste den Mädchen nicht nur den Mathetest, sondern ließ noch Stunden später ihre Leistungen in anderen Fächern absacken.

Auch Eltern torpedieren oft unbewusst den Lerneifer ihrer Kinder. Ursache ist ein »statisches« Bild von Intelligenz oder Talent, also die Ansicht, Können sei vom Schicksal abhängig oder genetisch festgelegt und nicht veränderbar. Kinder bekommen dann vermittelt, dass sie eine Begabung entweder haben oder eben nicht. Zum einen durch negative Aussagen wie »sportlich warst du noch nie« oder »für Mathe hast du wohl kein Talent«. Aber auch durch positive Beurteilungen. Wird ein Kind zum »geborenen Sportler« oder »Mathegenie« erklärt, vermittelt ihm dies, dass es unveränderliche Eigenschaften hat. So entwickeln Kinder ein statisches Selbstbild. US-Psychologin Carol Dweck, Autorin des Buches ›Selbstbild‹ formuliert es drastisch: »Wer die Intelligenz von Kindern lobt, schadet ihrer Motivation und damit ihrer Ausdauer.« Ein »Naturtalent« oder »sooo intelligentes« Kind lernt nicht, auch dann durchzuhalten, wenn es anstrengend wird. Ist es einmal mit einer schlechten Leistung konfrontiert, zieht es daraus womöglich den Rückschluss, dass es auf einmal nicht mehr intelligent ist und verliert das Interesse an der Arbeit. Vielleicht entwickelt sich daraus sogar eine Abneigung gegen echte Herausforderungen. Psychologin Dweck zeigte in ihren Studien, dass Kindern, die man für ihre Intelligenz lobte, die Noten wichtiger sind als die Inhalte, die sie lernen. Eltern sollten nicht nur darauf achten, wie sie ihr eigenes Kind kommentieren, sondern auch, wie sie andere Kinder bewerten. Aussagen wie »Greta ist so intelligent!« oder »Tom ist ein echtes Wunderkind« könnten ihrem Kind ein statisches Selbstbild vermitteln. Das Gegenteil davon stellt das »dynamische« Selbstbild dar, also die Überzeugung, dass man Fähigkeiten steigern und weiterentwickeln kann.

Nicht nur Eltern, auch Erfahrungen und der soziale Vergleich in der Schule prägen das Selbstbild eines Kindes. In der Schule sind Noten und Rankings gängiges Prinzip der Leistungsbeurteilung – mit dem Effekt, dass Kinder, die immer wieder schlechte Noten erhalten, weniger auf ihre Fähigkeiten vertrauen. Vor allem, wenn der Rest der Klasse besseres Feedback bekommt. So werden die Zahlen eins bis sechs zur Messlatte der eigenen Wertigkeit. Dabei sind Noten oft subjektiv und relativ, nämlich vom Umfeld abhängig. So erhalten zwei gleich starke Schüler je nachdem, ob sie in einer eher leistungsstarken oder -schwachen Klasse sind, oft ganz unterschiedliche Zensuren, wenn diese sich am Klassenschnitt orientieren. Ein Schüler kann bei gleicher Leistung in der einen Schule eine Zwei und in einer anderen eine Vier bekommen.

Wenn immer andere, Bessere der Maßstab sind, gehen kleine persönliche Fortschritte schnell unter. Klar, dass der Viererkandidat im Diktat nicht mit dem Einserschüler mithalten kann – aber für ihn ist es vielleicht schon ein großer Erfolg, endlich »dass« und »das« unterscheiden zu können. Untersuchungen des Psychologen Falko Rheinberg zeigen, dass Lehrer, die auf die »individuelle Bezugsnorm« Rücksicht nehmen, also Schüler nicht nur im Vergleich mit anderen sehen, sondern individuell fördern und ihre Fortschritte würdigen, vor allem schwachen Schülern zu mehr Selbstbewusstsein verhelfen.

Bei Zwölfjährigen stimmen die Selbstbewertungen meist mit den Schulnoten überein. Je älter Kinder werden, desto geringer schätzen sie nach mehreren Fehlschlägen ihre Chancen auf einen Erfolg ein. Misserfolge prägen nicht nur langfristig eine negative Vorstellung von den eigenen Fähigkeiten, sondern lassen auch das allgemeine Selbstwertgefühl sinken, wie eine der umfangreichsten Studien zu diesem Thema bewies, nämlich die Münchner Längsschnittstudie des Pädagogen Andreas Helmke Ende der 1990er Jahre. Besonders ungünstig wirkt es sich aus, wenn Kinder schlechte Noten nicht mit Erfolgserlebnissen in anderen Bereichen kompensieren können.

Zu wenig Vertrauen in die eigenen Fähigkeiten haben vor allem Mädchen. Obwohl sie statistisch gesehen meist lerneifriger und erfolgreicher sind als ihre männlichen Mitschüler, fällt es ihnen schwer, sich selbst auf die Schulter zu klopfen. So bewerten Jungen und Mädchen dieselbe Note in Mathematik vollkommen unterschiedlich. Eine Zwei bedeutet für Mädchen eher: »Das war Zufall, die Aufgaben waren so einfach.« Das Fazit, das Jungen aus der Zensur ziehen, sieht ganz anders aus: »Hey, da habe ich wohl gut gelernt – ich bin begabt für Mathe.« Viele Studien wiesen nach, dass bei Jungen im Jugendalter das Selbstwertgefühl eher steigt, bei Mädchen hingegen fällt. Besonders stark sind die Unterschiede im Alter zwischen elf und 22 Jahren. Zudem sind Jungen stärker an sozialen Vergleichen interessiert als Mädchen, wetteifern lieber mit anderen, um ihre Kräfte zu messen. Trotzdem landen gerade die selbstbewussteren Jungen, wie viele Untersuchungen und Statistiken zeigen, im deutschen Bildungssystem immer öfter auf der Verliererseite: Sie gelten als Störer und Klassenkasper, schwänzen häufiger, brechen öfter die Schule ab, und erreichen seltener das Abitur, sodass etwa Lehrer Frank Beuster schon von einer »Jungenkatastrophe«, so der Titel seines Buches, spricht.

Ohne Interesse fehlt der Bezug zum Lernstoff

Wenn uns ein Thema interessiert, ist unser Wissenshunger unstillbar und die Menge an Fakten, die wir uns merken können, schier unermesslich. Aber: »Sachinteresse ist relativ willkürlich. Es hakt sich irgendwo ein«, wie Psychologe Rheinberg weiß. In der Schule klaffen Vorlieben der Schüler und der Stoff im Lehrplan oft auseinander. Im Gegensatz zu früheren Zeiten hat die Schule zudem durch Medien, Konsum- und Freizeitangebote viel mehr Konkurrenz bekommen. In gewissem Umfang ist es daher normal, dass Kinder sich Interessengebiete und Betätigungsfelder suchen, die nichts mit der Schule zu tun haben. Soziologe Stefan Fries von der Universität Mannheim konstatiert: »Der tägliche Schulbesuch stellt im Gegensatz zu der Zeit von vor 10 bis

15 Jahren keinen bedeutenden Mittelpunkt der Jugendgesellschaft mehr dar.« Gewöhnlich ab dem elften oder zwölften Lebensjahr verlagern sich die Interessenschwerpunkte von Kindern auf außerschulische Aktivitäten.

Relativ früh sind bei Präferenzen und Abneigungen gegen Schulfächer Unterschiede zwischen den Geschlechtern zu erkennen, die immer noch typischen Rollenbildern entsprechen. Bei Mädchen fällt die Lernfreude von Jahr zu Jahr besonders stark im Fach Mathematik, bei Jungen ab dem zweiten Schuljahr markant in Deutsch. Studien zeigen jedoch, dass Abneigungen veränderbar sind – etwa durch starke Vorbilder. Vorlesende Papas können beispielsweise helfen, die Vorurteile von Jungen gegenüber Büchern zu mindern, und Mädchen kann man vermitteln, dass sie für Naturwissenschaften nicht weniger begabt sind. Gute Erfahrungen machen einige Schulen mit einer zeitweiligen Aufhebung der Koedukation, dem geschlechtergemischten Unterricht. Mädchen profitieren davon vor allem in den Naturwissenschaften, Jungen fühlen sich in sprachlichen Fächern wohler, wenn sie unter sich sind.

Es muss aber nicht gleich die Rückkehr zum Unterricht »nur für Mädchen« oder »nur für Jungen« sein. Auch die Art, wie Lehrer ihre Themen vermitteln, hat großen Einfluss auf die Lernbereitschaft. Wenn es Spaß macht, sind Kinder leichter zu gewinnen. Mit einem trockenen Vortrag gelingt das nicht, das stellt für das Gehirn ein Ding der Unmöglichkeit dar. Denn damit wir nicht alle Reize gleich stark wahrnehmen und verarbeiten müssen, dimmt es Eindrücke herunter, die sich gleichförmig wiederholen. Diese so genannten »habituierten Reize« laufen dann nur noch unterbewusst mit. So mussten unsere Vorfahren auf der Jagd nicht ständig »Baum, Baum« wahrnehmen, wenn sie einmal die Orientierung hatten. Damit blieb ihre Aufmerksamkeit wach für Neues und Überraschendes – wichtig, wenn plötzlich ein Bär aus dem Dickicht brach und man sich blitzschnell entscheiden musste, wohin man laufen sollte. Eher hinderlich ist dieses Prinzip allerdings heute, wenn der Unterricht sehr monoton abläuft und von der Präsentation her wenig Neues zu bieten hat. Dann fällt es schwer, Wissbegierde zu wecken. Bären springen eher selten durch das Klassenzimmer. Langeweile und permanente Unterforderung bringen das Belohnungssystem im Gehirn zur Kapitulation, der Botenstoff Dopamin wird nicht ausgeschüttet. Davon betroffen sind häufig überdurchschnittlich intelligente Kinder, die dann zum so genannten »Underachiever« werden, also schlechtere Noten erzielen als aufgrund ihrer Voraussetzungen möglich wären. Abwechslung würde helfen. Projektarbeit, Lernen in Gruppen, Workshops mit Experten oder Exkursionen könnten neue Impulse geben.

Auch Eltern können Voraussetzungen dafür schaffen, dass ihr Kind eher bereit ist, Neues zu entdecken – oder dies verhindern. Bietet die Familie nur geringe kulturelle Anregungen, so bleibt auch die kindliche Eigenmotivation beim Lernen niedrig. Ideen, die den Forscherdrang wecken, finden Sie auf Seite 103.

Mediale Überdosis torpediert das Belohnungssystem

Die Schule als Informationslieferant und Wissensquelle konkurriert heute mit Medien, die mit eindringlichen Bildern, Musik und Special Effects ihr Publikum fesseln. Was derart gefühlsgeladen präsentiert wird, wirkt viel nachhaltiger als jeder Lehrervortrag und jedes mit Kreide fabrizierte Tafelbild. Zudem ist die durch Computerspiele und Fernsehen geschulte Wahrnehmung vieler Kinder und Jugendlicher an rasante Schnitte, blitzschnell wechselnde Szenen und immer wieder neue Reize gewöhnt. Das erfordert keine Geduld. Vielseher haben verinnerlicht, dass Bilder oder Sequenzen spätestens nach acht Sekunden wechseln. Dieser

Zeitraum reicht nicht einmal aus, um einen komplizierten Satz zu verstehen. Mangelndes Durchhaltevermögen und eine kurze Aufmerksamkeitsspanne stellen im Schulalltag Probleme dar.

Aber selbst wenn am Vormittag in der Schule etwas hängen geblieben ist – durch die liebsten Freizeitbeschäftigungen der Kids wird danach oft wieder vieles zunichte gemacht. Wie das Kriminologische Forschungsinstitut Niedersachsen in Hannover feststellt, kann neu gelerntes Wissen durch starke emotionale Reize, wie sie durch PC-Games im Kinderhirn entstehen, quasi überschrieben werden. Bis zu 24 Stunden dauert es, bis neuer Lernstoff ins Langzeitgedächtnis gewandert ist. Dieser Prozess wird gestört, wenn drastische Computerbilder die Fakten überlagern und löschen.

Kein geringes Problem, wenn man bedenkt, dass 81 Prozent der Zwölf- bis 19-Jährigen täglich vor dem Rechner hocken, um zu spielen oder im Internet zu surfen und zu chatten. Der Kinder- und Jugendgesundheitssurvey 2007 (KiGGs) kommt außerdem zu dem Ergebnis, dass 22,1 Prozent der Jungen zwischen elf und 17 Jahren mehr als drei Stunden am Tag fernsehen oder Videos konsumieren, bei den Mädchen 23,6 Prozent. Nur vier Prozent der Jungen und 4,2 Prozent der Mädchen geben an, dass es überhaupt fernsehfreie Tage gibt. Lehrer merken besonders am Montagmorgen, ob ihre Schüler während des Wochenendes eine Überdosis PC und TV hatten. Denn von den virtuellen Reizen überflutet, können Kinderhirne nur noch wenig Kraft für den Lernstoff aufbringen.

Kritisch wird es, wenn PC oder TV zur täglichen Hauptbeschäftigung werden. Dann drohen sprachliche und motorische Defizite. Das Gehirn stellt sich auf das ein, was ihm geliefert wird und verstärkt die Leitungen, die bei den Spielen angesprochen werden. Andere, wenig genutzte – vielleicht die für die Französischvokabeln – verkümmern. Gerald Hüther, Professor für Neurobiologie an der Universität Göttingen, zusammen mit dem Psychologen Wolfgang Bergmann, Autor des Buches ›Computersüchtig‹, konstatiert: »Das Gehirn giert nach Reizen und passt sich an die in Computerspielen gestellten Aufgaben und Belohnungen an.« Die Gefahr dabei, so der Experte: »Diese Datenautobahnen sind so beschaffen, dass man, ist man einmal auf ihnen, nicht mehr herunterkommt.«

Die kurzfristigen, schnellen Belohnungen der Computerspiele, wie Bonuspunkte, ein extra Leben oder die Freude am Sieg über einen Gegner, locken viele Kinder weit mehr als in der Ferne liegende Erfolge, die sie mit Pauken erzielen könnten. Bei der virtuellen Erlebnisreise aktiviert sich ihr Belohnungssystem, das auf die von PC-Spielen oder TV-Soaps gelieferten Reize besonders leicht anspringt. Happymacher-Botenstoffe fluten den Körper, der danach immer mehr davon will – es droht Suchtgefahr. Aufmerksam werden sollten Eltern, wenn ihr Kind Frust oder Trauer am Computer »wegspielt«. Das ist keine adäquate Verarbeitung negativer Gefühle, sondern bewirkt lediglich schnelle Verdrängung. Die Abhängigkeit vom PC hinterlässt ähnliche Spuren im Gehirn wie Drogen und Alkohol. Joachim Bauer schreibt in seinem Buch ›Lob der Schule‹: »Jede Sucht bedient sich der neurobiologischen Motivationssysteme, hat aber – im Hinblick auf die *reale* Welt – zugleich die Zerstörung von Motivation zur Folge.«

In der Pubertät ist das Gehirn eine Baustelle

Den größten Einbruch erfährt die Motivationskurve in der Pubertät, »Null Bock auf Schule« lautet meist die Devise. Dating statt Deutsch, PC-Games statt Pauken fesseln Energie und Aufmerksamkeit. Teens haben dafür eine gute Ausrede: »Mein Gehirn ist schuld.« Das gleicht nämlich in einigen Bereichen, besonders im Stirnlappen, einer Baustelle.

Es wird noch einmal stark umstrukturiert und steht daher für manche Funktionen nicht zur Verfügung. Mit dem Effekt, dass das Belohnungssystem auf einmal viel stärkere Reize – wie Alkohol oder Drogen – benötigt, um aktiviert zu werden. Erst mit dem 20. Lebensjahr ist der Umbau abgeschlossen und sind die Areale des präfrontalen Cortex im Stirnlappen »fertig«, die für Planung und Selbstkontrolle verantwortlich sind.

Von Eltern oder Lehrern gesagt zu bekommen, was sie tun oder lassen sollen, geht den meisten Jugendlichen gegen den Strich, Fremdbestimmung lehnen sie immer stärker ab. Und alles, was bis jetzt kein eigenes Interesse und Lernengagement geweckt hat, wird fallen gelassen. Clique und Hobbys sind viel spannender als Schulstoff. Die Haltung gegenüber Lehrern und Schule generell wird zunehmend distanziert und kritisch. In der Schule konzentriert sich die Aufmerksamkeit auf bestimmte ausgewählte Gebiete. Der Einsatz ist entsprechend. Ungünstige Folgen für die Lernmotivation hat es, wenn eigenes Können und eigene Fähigkeiten im sozialen Vergleich immer wieder schlecht abschneiden und so ein negatives Bild von den eigenen Fähigkeiten prägen. Resignation ist die Folge, da es sich ohnehin nicht zu lohnen scheint, Einsatz zu bringen und Mühe zu investieren.

So lange noch Antrieb für Freizeitaktivitäten, Freunde oder sogar einzelne Schulfächer vorhanden ist, können Eltern jedoch relativ beruhigt sein. Bedenklich wird es allerdings, wenn sich die Apathie auf alle Bereiche des Lebens ausdehnt. Schulpsychologe Gustav Keller spricht in seinem Buch ›Ich will nicht lernen!‹ von einer »generellen Motivationsstörung«. Betroffen sind für ihn Schüler, »die sowohl in der Schule als auch im Freizeitbereich durch Lustlosigkeit, Interesselosigkeit, Gleichgültigkeit und Stumpfheit auffallen«. Dahinter können seiner Meinung nach ernsthafte psychische oder physische Erkrankungen stecken. In diesem

Fall rät er, einen Kinderarzt oder einen Kinder- und Jugendpsychologen zu konsultieren.

Einen Aufwärtstrend in der Lernbereitschaft erkennt man in Studien für die gymnasiale Oberstufe und Berufsschulen: größere Selbstbestimmung und freiere Fächerwahl nach Neigung entsprechen mehr den Bedürfnissen der Schüler.

WAS IST WICHTIG FÜR STARKE MOTIVATION?

»Wenn der Wille da ist, sind die Füße leicht.«
Englisches Sprichwort

Was Motivation ist und was sie bremst, haben wir in den vorangegangenen Kapiteln gesehen. Jetzt kommen wir zur zentralen Frage: Wie können Sie Ihrem Kind den Einstieg in motiviertes Lernen ermöglichen?

Leider existiert kein Hebel, um die Lernbereitschaft anzuschalten. Berlins Bildungsminister Zöllner brachte es beim ›FOCUS-SCHULE‹-Bildungsgipfel im März 2007 auf den Punkt: »Man kann nicht zum Lernen gezwungen werden – das muss man selber tun.« Aber Eltern können Voraussetzungen schaffen, die den inneren Antrieb wahrscheinlicher machen.

Zunächst erfahren Sie in diesem Kapitel, wie Sie die richtigen Bedingungen für ein positives Lernklima schaffen und welche Voraussetzungen erfüllt sein müssen, damit Ihr Kind Leistungsbereitschaft verspüren kann. Im nächsten Kapitel folgt dann ein »Plan of Action«, der Ihnen konkret sagt, was Sie innerhalb einer Woche, eines Monats oder eines halben Jahres verändern können.

Eine liebevolle Umwelt

Wenn Kinder auf dem Drahtseil des Lebens und Lernens tanzen, brauchen sie ein sicheres Netz, das sie auffängt. Dieses Netz bilden Ihr Interesse, Ihre Anerkennung und Wertschätzung. Bereits bei Ihrem Säugling und Kleinkind haben Sie mit jedem Lächeln, jedem aufmunternden Nicken und jeder zärtlichen Berührung für die Freisetzung von Motivationsbotenstoffen gesorgt – und damit die Basis für spätere Lernfreude gelegt. Essenziell sind zudem ein entspanntes Familienklima, eine Atmosphäre der Wärme und Achtung sowie ein fairer Tonfall bei Lob und Kritik. Auch sollten für Kinder ausreichend Gelegenheiten bestehen, Erlebnisse, Gedanken und Gefühle zu besprechen.

So genannte »autoritative Erziehung« haben Motivationsforscher als Schlüssel zu einer selbstbestimmten Lernmotivation bei Kindern erkannt. Autoritativ erziehende Eltern verstehen es, Wärme und Kontrolle richtig zu kombinieren. Sie setzen klare Grenzen und stellen Regeln auf, die für das Kind aber begründet und verständlich sind. Gleichzeitig signalisieren sie, dass sie ihm den Rücken stärken, wenn es schwierig wird. Innerhalb eindeutiger Strukturen erhält das Kind so genügend Freiraum, seine Selbstständigkeit zu entfalten, wobei seine Eltern es aktiv unterstützen.

Schlechte Noten sollten nicht Liebesentzug oder Strafen zur Folge haben. Wenn ein Kind Angst haben muss, eine schlechte Zensur zu beichten, lernt es beim nächsten Mal bestimmt nicht mit Freude. Sinnvoller ist, gemeinsam zu überlegen, woran es lag und wie es besser laufen könnte. Kinder brauchen die Gewissheit, geliebt zu werden, egal wie ihre Zensuren aussehen. Und sie sollten nicht den Eindruck bekommen, dass sie für die Noten lernen. Das gelingt eher, wenn sich Eltern für Themen und Inhalte interessieren, anstatt zuerst nach den Leistungsresultaten zu fragen. Damit zeigen sie, dass sie dem, was in der Schule gelernt wird, einen hohen Wert beimessen. Die Bielefelder Psychologin Elke Wild weiß aus vielen Studien, dass Teenager eine positivere Einstellung zur Schule haben und mehr Lerneifer zeigen, je intensiver sich ihre Eltern um die schulischen Belange kümmern und am Schulleben teilnehmen.

Im täglichen Umgang mit Ihrem Schulkind haben Sie viele Möglichkeiten, durch Ihre Reaktionen, Ihr Feedback und Ihr Vorbild Einfluss zu nehmen. Rückmeldungen der Eltern signalisieren einem Kind, wie es sich selbst wahrnehmen soll, und prägen so sein Selbstbild mit. Ermuntern Sie es, wenn es mal schwierig wird, bestärken Sie es, bei der Sache zu bleiben, wenn es aufgeben will, helfen Sie, wenn es nicht weiter weiß, loben Sie, wenn es Großes geleistet hat und geben Sie ihm mit konstruktiver Kritik Anstöße, sich weiterzuentwickeln. Vermitteln Sie, dass Fehler okay sind und völlig normal – und dass man aus ihnen lernen kann.

Natürlich ist es im Alltag nicht immer leicht, Zeit und Geduld aufzubringen, ständig adäquat zu reagieren. Zwischen Ballettstunde, Flötengruppe und Theater-AG, Zahnarztbesuch und beruflichen Verpflichtungen bleibt manches auf der Strecke. Aber wenn es gelingt, können kleine Gesten wunderbar viel bewirken. Manchmal reicht es schon, den Auflauf fünf Minuten länger im Ofen zu lassen, um sich die Anekdote aus der Physikstunde anzuhören. Oder einen aufmunternden Blick zu schenken, wenn ein Kind über dem Deutschaufsatz brütet. Es in den Arm zu nehmen, wenn es erschöpft vom Fußballtraining kommt. »Machen Sie deutlich, dass Sie Interesse haben an seiner gesamten Entwicklung, nicht nur an seiner Leistungsfähigkeit und seinen Fortschritten in der Schule«, betont Cornelia Nitsch, Autorin von ›Was Kinder schlau macht‹.

Streben Sie ein kooperatives Verhältnis mit der Schule an, indem Sie sich weder zu stark in die Belange Ihres Kindes einmischen noch durch Desinteresse und Abwesenheit auffallen. Merkt ein Kind Uneinigkeit zwischen Eltern und Lehrern, kann ihm das Loyalitätskonflikte bereiten, meint Joachim Bauer: »Wie soll es in die Lage kommen, sich innerlich auf die Schule einzulassen, Motivation aufzubauen und sich mit Bildungszielen zu identifizieren, wenn es spürt, dass die Eltern Vorbehalte gegenüber der Schule haben, dass die Eltern meinen, das Kind vor den Lehrern schützen zu müssen?« Das hat nichts mit berechtigter Kritik im Einzelfall zu tun, sondern mit der Grundeinstellung.

Motivierte Kinder sind selbstständige Kinder. Sie haben einen höheren Antrieb, Aufgaben – auch unangenehme – zu erledigen, weil sie sie als selbst gewählt betrachten, oder sie zumindest in eigener Regie durchführen. Sie empfinden Lernen als sinnhaft und fühlen sich bei der Durchführung mit sich selbst im Einklang. Das Bedürfnis nach Autonomie ist eines der drei psychologischen Grundbedürfnisse, die die Forscher Deci und Ryan postulieren, wie wir aus dem ersten Kapitel (siehe Seite 21) wissen.

Wie aber fördert man Selbstständigkeit? So paradox es klingt: durch Grenzen. Kinder benötigen einen Orientierungsrahmen und Strukturen, innerhalb derer sie sich frei entfalten können. So bedeutet ein klarer, gegliederter Tagesablauf mit verlässlichen Rhythmen und Ritualen Sicherheit. Dazu gehören etwa die regelmäßige Hausaufgabenzeit, aber auch gemeinsame Mahlzeiten. Die amerikanische Kinderärztin Marla Eisenberg und ihre Kollegen stellten fest, dass Kinder, die mindestens sieben Mal in der Woche mit Familienangehörigen essen, im Vergleich zu Kindern, bei denen dies nur zwei Mal oder seltener vorkommt, signifikant bessere Schulnoten haben, außerdem ein geringeres Risiko, Drogen zu nehmen, und eine bessere Allgemeinverfassung. Dieser Effekt mag auch der Tatsache geschuldet sein, dass Eltern, die kochen, einfach mehr Zeit zu Hause verbringen und sich dadurch ihren Kindern intensiver widmen können und sie unterstützen. Dennoch sind gemeinsame Mahlzeiten ein wichtiges Familienritual.

Klare Absprachen machen Kindern deutlich, was von ihnen erwartet wird. Das heißt zum Beispiel, zu verabreden, wann und wo die Hausaufgaben gemacht werden, wann Schlafenszeit ist oder das Essen auf dem Tisch steht. Wenn die Lernzeiten feststehen und konsequent eingehalten werden, entfallen anstrengende Diskussionen, weil man gar nicht erst darüber nachgrübelt, was man stattdessen alles machen könnte. Oder, wie Pädagoge Manfred Hofer formuliert: »Strukturen erleichtern das Ausblenden alternativer Handlungsoptionen.«

Einige wenige, dafür eindeutige Orientierungspunkte sind leichter einzuhalten als zu viele Regeln. Wichtige Vereinbarungen, die Schule betreffend, sollten sein:

- Der Schulbesuch ist die Pflicht Ihres Kindes, so, wie Haushalt und Job zu Ihrem Verantwortungsbereich gehören. Schwänzen ist nicht okay, einzig Krankheit zählt als Grund, die Schule zu versäumen. Morgens rechtzeitig aufzustehen, gehört zu den Anforderungen des Schuljobs.
- Dass die Hausaufgaben gemacht werden und für Arbeiten gelernt wird, steht außer Frage. Aber wie und wann, das darf Ihr Kind (mit-)entscheiden.
- Zensuren werden unverzüglich mitgeteilt. Dann kann man in Ruhe darüber sprechen und, sofern nötig, einen Verbesserungsplan entwerfen.

Wenn Grenzen überschritten werden, müssen Sie konsequent reagieren. Legen Sie von vornherein fest, was passiert, wenn Ihr Kind sich beispielsweise nicht an die vereinbarten Lernzeiten hält – und setzen Sie die Sanktionen dann auch durch. Die Maßnahmen müssen angemessen sein, dem Kind vorher bekannt und verständlich. Etwa: »Wenn du zu sehr trödelst, gehst du mit halb fertigen Aufgaben in die Schule.« Oder: »Wenn du nicht in zehn Minuten den Computer ausgeschaltet hast und an den Aufgaben sitzt, musst du deine Verabredung für heute Nachmittag leider absagen.« Bleiben Sie fest, auch wenn es manchmal schwerfällt.

Im Rahmen ihrer Möglichkeiten sollten Kinder so früh wie möglich die Verantwortung für ihr Lernen selbst übernehmen, ohne sich dabei von den Eltern im Stich gelassen zu fühlen. Selbstständigkeit bedeutet nicht, Kinder ins kalte

Wasser zu werfen. Geben Sie so viel Hilfe wie nötig, aber so wenig wie möglich. »Hilf mir, es selbst zu tun.« Dieses Motto von Maria Montessori gibt die Richtung vor.

Übertragen Sie die Regie für das Lernen so weit wie möglich an Ihr Kind: Wer packt bei Ihnen zu Hause die Schultasche, wer schlägt das Buch für die Hausaufgaben auf, wer liest die Aufgaben vor? Wenn es nicht Ihr Kind ist, dann ändern Sie das schleunigst. Besprechen Sie, wann es seine Aufgaben erledigen möchte. Am sinnvollsten ist es, einen Plan für die gesamte Woche zu vereinbaren, der Nachmittagstermine, Schulzeiten und genügend Zeit zum Ausruhen berücksichtigt. Hilfreich für die Planung von Schule, Hausaufgabenzeit und Nachmittagsfreizeit ist der »Intelligente Wochenplan«, den Sie unter www.focus-schule.de/wochenplan zum kostenlosen Download finden.

In der Regel liegen die Zeiten, in denen die Konzentration besonders hoch ist, vormittags zwischen 9 und 11 Uhr und dann wieder nachmittags zwischen 14 und 16 Uhr. Doch jedes Kind reagiert anders und hat einen individuellen Biorhythmus. Finden Sie gemeinsam heraus, welche Zeit(en) ihm am besten entgegenkommen.

Geben Sie der Lernsituation eine Struktur, damit Ihr Kind versteht, wie es sein Lernen selbst gliedern kann. Das funktioniert beispielsweise mit Fragen wie: »Was hast du auf?« – »Womit möchtest du anfangen?« – »Wie willst du bei der Lösung der Aufgaben vorgehen?« Kontrollieren Sie die Aufgaben erst, wenn Ihr Kind damit fertig ist.

Sagen Sie bei den Hausaufgaben nicht die Antworten vor. Das hemmt die Anstrengungsbereitschaft. »Wer einem Kind die Lösung eines Problems sagt, bringt es um seine eigenen Erfahrungen«, formuliert der Pädagoge Jean Piaget. Das Erfolgserlebnis, die Gleichung nach langem Knobeln selbst gelöst zu haben, bleibt viel besser haften als die Antwort, die von Mama kam. Ihr Kind erfährt zudem auf diese Weise, wann und wie man um Rat und Hilfe bittet – wenn Sie immer gleich zur Stelle sind, kann es das nicht abschätzen. Führen Sie es mit Fragen auf die richtige Fährte und regen Sie es zu eigenem Nachdenken an. Geben Sie ihm das nötige Werkzeug an die Hand (»Schau doch mal im Lexikon nach!«), ermuntern Sie es, geeignete Lernstrategien anzuwenden, und helfen Sie dabei, die neuen Methoden einzuüben.

Geben Sie Ihrem Kind die Chance, seine Leistungsfähigkeit auszutesten und sich Herausforderungen zu suchen. Signalisieren Sie ihm dabei Ihr Vertrauen: »Ich bin sicher, du kannst das (allein).« Psychologin Wild rät: »Stellen Sie hohe, aber den Fähigkeiten Ihres Kindes angemessene Anforderungen und vermeiden Sie dauerhafte Unter- oder Überforderung.«

Der Glaube an die eigenen Fähigkeiten

Schulerfolg ist nicht nur eine Sache der Begabung, sondern hängt vielmehr stark mit Einstellungen und Überzeugungen zusammen. Um Triumphe zu erreichen, müssen Kinder an das Gelingen glauben. Sie müssen sich in der Lage sehen, vorgegebene oder selbst gewählte Anforderungen bewältigen zu können. Selbstbewusstere Kinder, so zeigen Studien, haben eine höhere Motivation als unsichere. Das zahlt sich langfristig sogar im wahrsten Sinne des Wortes aus. Eine Untersuchung der Universität Florida fand einen Zusammenhang zwischen gutem Selbstwertgefühl in der Teenagerzeit und höherem Einkommen im mittleren Alter.

Die Vorstellungen von Intelligenz und Begabung, die ein Kind hegt, haben entscheidenden Einfluss auf seine Bereitschaft, Einsatz zu zeigen. Jedes Kind wird zwar mit einem gewissen genetischen Potenzial geboren. Aber Intelligenz wird stark durch die Umwelt beeinflusst und kann durch Anregung wachsen oder durch Mangel schrumpfen.

Der IQ von Kindern, die zu Hause nicht gefördert werden, sinkt.

Die amerikanische Psychologin Carol Dweck hat in Studien zum Selbstbild von Schülern festgestellt, dass bereits Zehn- bis Zwölfjährige ausgeprägte Vorstellungen von Intelligenz und ihrem eigenen Können oder Nicht-Können haben: Diejenigen, die Intelligenz als etwas Formbares ansehen, erzielen beispielsweise weit bessere Leistungen im Fach Mathematik. Andere jedoch glauben, ihre Fähigkeiten seien statisch und nicht zu beeinflussen – und sie selbst damit auf ewig »schlau« oder »dumm«. Das Intelligenzkonzept und damit auch das Fähigkeitsselbstbild lässt sich aber revidieren, wie Dweck zeigen konnte. Sie erklärte Schülern mit Hilfe eines Computerprogrammes, ihrem virtuellen »Brainlab« (Gehirnlabor), dass sich das Gehirn mit jedem Lernprozess verändert, dass ständig neue Nervenzellen und Verbindungen zwischen ihnen gebildet werden. Dadurch wird den Schülern klar, dass sie ihr Gehirn wie einen Muskel trainieren können und dass sich dieses Training lohnt.

Unterstützen Sie Ihr Kind also darin, die Ursachen seiner Leistungsergebnisse vor allem in den eigenen Anstrengungen zu sehen und ein dynamisches Selbstbild zu entwickeln. Betonen Sie, was es durch Übung, Lernen, Ausdauer oder gute Strategien erreicht hat. Aussagen wie »Da habe ich Glück gehabt« oder »Die Aufgaben waren so leicht« sollten Sie nicht gelten lassen. Widersprechen Sie energisch, wenn Ihr Kind Überzeugungen dieser Art äußert: »Deutsch ist halt Glückssache« oder »Mathe kann man, oder man kann es eben nicht«.

Helfen Sie Ihrem Kind, seine Kompetenzen zu erkennen und zu erweitern. Dafür wollen Erfolge wahrgenommen und gewürdigt sein. Geben Sie Ihrem Kind Rückmeldungen und verdeutlichen Sie Lernfortschritte, damit ihm klar wird, welches neue Wissen und welche Fertigkeiten es erworben hat. »Kinder wollen erkennen, wie sie wachsen«, meint Psychologe Falko Rheinberg. Sie sollen lernen, ihre Fähigkeiten selbst einzuschätzen und zu beurteilen, ob sie genügend Mühe investieren oder nicht. Regen Sie Ihr Kind an, sich realistische Ziele zu setzen, deren Erreichen es selbst überprüfen kann, das erhöht das Gefühl der Selbstwirksamkeit. Erinnern Sie es an vergangene Erfolgserlebnisse, wenn es zweifelt, ob es einer Aufgabe gewachsen ist: »Überleg mal, wie du das damals angegangen bist.« Messen Sie Ihr Kind an seinem eigenen Können, nicht an anderen. Psychologe Rheinberg erklärt: »Das heißt nicht, dass man sich gar nicht mehr mit anderen vergleichen darf, um zu wissen, wo man steht. Aber man sollte die eigene Zufriedenheit nicht daran festmachen.« Begleiten Sie den individuellen Lernprozess: »Okay, du hast eine Vier im Diktat – aber guck mal, ›Geburtstag‹ hast du letzte Woche noch nicht richtig geschrieben, und jetzt klappt es. Das ist doch toll!«. Gerade für Kinder mit Lernproblemen ist solches Feedback wichtig, damit sie ein positives Selbstbild entwickeln können.

Hinterfragen Sie die Einstellungen, die Ihr Kind im Laufe der Zeit zur Schule und bestimmten »Hass-Fächern« erworben hat. Vielleicht ist es aufgrund einer Serie von schlecht ausgefallenen Klassenarbeiten zu der Überzeugung gelangt, für Englisch einfach nicht begabt oder für Mathe zu dumm zu sein und sieht deswegen keine Notwendigkeit mehr, sich anzustrengen. So wie Maria, 15, die in den ersten Jahren in Englisch immer auf Zwei oder Drei stand, aber nach einem Lehrerwechsel auf eine Fünf absackte. Jetzt sagt sie: »Englisch kann ich einfach nicht.« Dass hinter ihrem Leistungseinbruch jedoch ein ganz konkreter Grund steckt, ist ihr nicht bewusst. Der neue Lehrer hört Vokabeln nur noch selten ab, da er darauf vertraut, dass die Schüler selbstständig mitarbeiten. Weil aber die Kontrolle fehlt, hat Maria den Wortschatz nur noch oberflächlich geübt – und kann jetzt dem Unterricht nicht mehr gut folgen. Diese Erklärung liefert die Möglichkeit zur Veränderung. Wie viel Wissen

Der große FOCUS-SCHULE MOTIVATIONS-TEST

FOCUS SCHULE

Test: Wie motiviert ist

15 Minuten Motivation | Hier müssen Kinder und Jugendliche selbst antworten, denn sie kennen ihre Lust am Lernen am besten. So können sie selbst erkennen, wie schnell sie sich ablenken lassen und woran das liegt. Natürlich sollen auch die Eltern etwas über die Lernlust oder -unlust erfahren. Die Aufgaben hat die Psychologieprofessorin Elke Wild in Zusammenarbeit mit Diplompsychologin Monika Rammert im Auftrag von FOCUS-SCHULE entwickelt.

Erfahrungsgemäß ist es sehr unwahrscheinlich, dass sich Schüler für alles interessieren, was sie in der Schule lernen. Genauso selten dürften Schüler sein, die sich für gar nichts begeistern können.

Meistens ist es so: Manche Schüler lernen gern Sprachen, während andere die Naturwissenschaften lieben und wieder andere eine besondere Leidenschaft für Geschichte oder Geografie haben oder am liebsten Sport machen.

Die Fragen auf den nächsten Seiten sollen euch helfen herauszufinden, wie es um eure Lernmotivation steht.

Mit Lust lernen
Der FOCUS-**SCHULE**-Olli weiß, wann was Spaß macht

mein Kind?

Beachtet dabei Folgendes:

- Lest jede Frage ganz genau durch, bevor ihr antwortet.
- Kreuzt pro Frage immer nur ein Kästchen an.
- Wenn ihr bei einer Antwort unsicher seid, kreuzt die Antwortmöglichkeit an, die am ehesten zutrifft.
- Nur wenn ihr alle Fragen beantwortet habt, könnt ihr einen Gesamtwert ermitteln und so herausfinden, welche Tipps euch am besten helfen.
- Jeder Mensch hat seine eigene Art, mit Situationen umzugehen. Daher gibt es keine richtigen und keine falschen Antworten. Seid ehrlich bei der Beantwortung aller Fragen, nur so können euch die späteren Tipps wirklich helfen.
- Da die Lernmotivation einer Schülerin oder eines Schülers je nach Schulfach schwankt, ist es wichtig, bei allen Fragen an ein bestimmtes Fach zu denken. Unsere Fragen sind für das Fach **Mathematik** formuliert, da es in allen Klassenstufen unterrichtet wird.

Selbstverständlich könnt ihr in weiteren Durchgängen jedes andere Fach dort einsetzen. Dann bekommt ihr nach und nach ein vollständiges Bild von euren Vorlieben und Stärken.

- Wenn ihr alle Fragen beantwortet und zu jedem Block eure Punktzahl ermittelt habt, tragt bitte die Werte entsprechend eurer Klassenstufe in das Diagramm ein. Dort sind Vergleichswerte aus einer Befragung an Schülern festgehalten, die 2001–2005 im Raum Ostwestfalen-Lippe durchgeführt wurde.

Expertin für häusliches Lernen: Elke Wild vom Lehrstuhl für Pädagogische Psychologie der Universität Bielefeld entwickelte den FOCUS-**SCHULE**-Fragebogen

1. Interesse und Spaß

Du kennst das bestimmt auch: Manche machen im Matheunterricht mehr mit, andere weniger. Wie ist das bei dir und warum? Ich strenge mich im Matheunterricht an …

1. … weil ich gern rechne.
2. … weil mich Mathe interessiert.
3. … weil mir der Matheunterricht Spaß macht.

Bitte rechne die Punkte aus diesem Block zusammen und teile die Summe durch 3. Dabei erhältst du möglicherweise eine Kommazahl!

Zeichne deine Punkte im Diagramm mit einem Kreuz ein

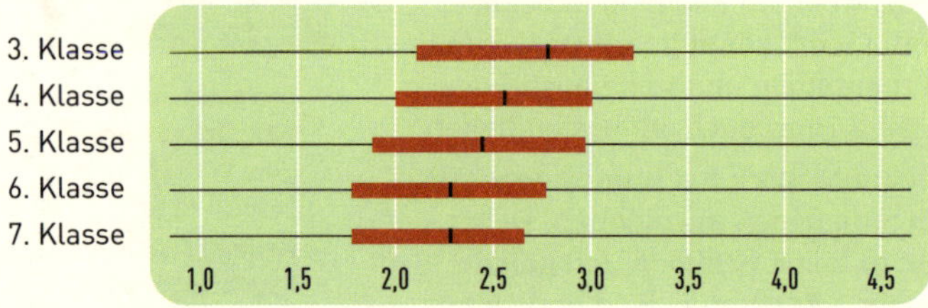

Dein Kreuzchen ist rechts vom roten Balken: Hohes Interesse
Toll! Du hast großes Interesse an diesem Fach. So kannst du die Inhalte besser verstehen und dir besser merken. Sicher hast du auch schon mal erlebt, dass du dich so in deine Aufgaben vertiefst, dass du gar nicht merkst, wie die Zeit vergeht, und anschließend sehr zufrieden mit dir bist.
TIPP: Weiter so! Erfolg und Interesse ergänzen sich gut. Gib aber Acht darauf, dass du dich nicht zu früh auf einige wenige Interessen festlegst, sondern versuchst, dein Interesse und deine Neugier auf verschiedene Bereiche zu verteilen, ohne dich dabei zu verzetteln.

Dein Kreuzchen ist im Balken: Mittleres Interesse
Super! Dein Interesse an diesem Fach ist ausreichend groß, sodass es dich in der Regel keine große Überwindung kostet, dich damit zu be-

stimmt gar nicht (1 Punkt)	stimmt wenig (2 Punkte)	stimmt ziemlich (3 Punkte)	stimmt genau (4 Punkte)
○	○	○	○
○	○	○	○
○	○	○	○

Gesamtpunkte ☐ : 3 = Punkte ☐

schäftigen. Du bist nicht zu sehr auf dieses eine Fach festgelegt, und dir bleibt Zeit, dich auch mit anderen Fächern intensiver zu beschäftigen. **TIPP:** Weiter so! Damit etwas besonderen Spaß macht und man sich so richtig vertiefen kann, ist es wichtig, dass die Aufgaben weder zu schwer noch zu leicht sind. Wenn du also häufig Hausaufgaben aufhast, die dich langweilen, weil du sie schon fast im Schlaf lösen kannst, so such dir doch unabhängig davon, was dein Lehrer aufgibt, eigene Herausforderungen auf dem Gebiet. Man findet z. B. im Internet zahlreiche Beispiele für kniffelige Matheaufgaben, grammatische Übungen für alle möglichen Sprachen, Quizfragen für viele Bereiche. Es lohnt sich, da zu stöbern!

Dein Kreuzchen ist links vom roten Balken: Niedriges Interesse
Dein Interesse auf diesem Gebiet ist nicht sehr groß. Das ist nicht schlimm, denn du weißt ja, jeder hat Bereiche, die ihn nicht so stark interessieren. Dennoch musst du auch in diesem Fach etwas lernen. **TIPP:** Versuche über einen anderen Weg, Zugang zu dem Fach zu bekommen, als über den Unterricht (z. B. ein Museum oder eine interessante Ausstellung besuchen, einen Film aus der Bücherei zu dem Thema ausleihen). Ist das Interesse einmal geweckt, fällt es auch in der Schule leichter, sich dafür zu begeistern.
Sicher würde es dir auch helfen, wenn du dir selbst das Lernen für dieses Fach schmackhaft machst. Überlege dir z. B., was du nach dem Lernen Schönes machen kannst oder womit du dich belohnen kannst. Bei manchen Themen wird es dir dann sicher so gehen, dass du mehr darüber wissen und verstehen willst. Dazu ist es allerdings wichtig, dass du dich nicht überforderst und nicht mit den schwierigsten Aufgaben oder Texten beginnst, denn Spaß kann man nur an Herausforderungen haben, denen man sich gewachsen fühlt.

2. Abneigung: Mag ich Mathe?

Manche finden Mathe super, andere finden Mathe blöd.
Wie ist deine Meinung?

1. Rechnen gehört nicht zu meinen Lieblingsbeschäftigungen.
2. Oft habe ich keine Lust auf den Matheunterricht.
3. Vor den Mathehausaufgaben würde ich mich oft am liebsten drücken.
4. Mathehausaufgaben finde ich ätzend.
5. Von allen Hausaufgaben finde ich die Matheaufgaben am schlimmsten.
6. Am liebsten würde ich überhaupt nicht Mathe lernen.

Bitte rechne die Punkte aus diesem Block zusammen und teile die Summe durch 6. Dabei erhältst du möglicherweise eine Kommazahl!

Zeichne deine Punkte im Diagramm mit einem Kreuz ein

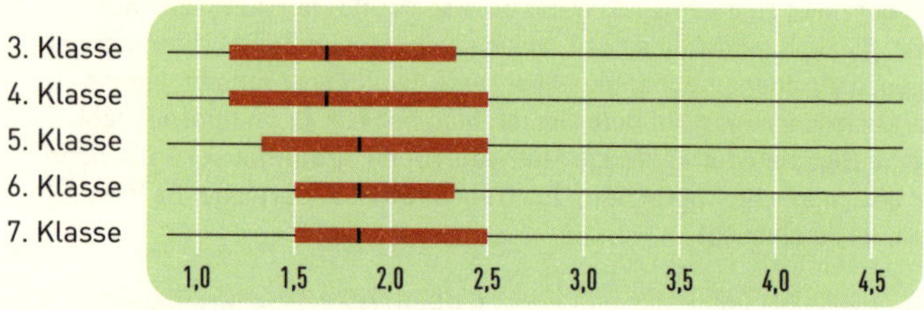

Dein Kreuzchen ist rechts vom roten Balken: Hohe Abneigung
Offensichtlich findest du dieses Fach besonders ätzend, und es fällt dir vermutlich schwer, dich zum Lernen aufzuraffen. Das ist verständlich. Dennoch kommst du nicht darum herum, auch für dieses Fach zu lernen.
TIPP: Versuche herauszufinden, was genau das Problem ist. Wann hat deine Abneigung begonnen? Womit hängt sie zusammen (z. B. schlechte Noten, Verhalten des Lehrers)? Überlege, was du tun kannst.
Wir empfehlen dir vor allem, dem Fach nicht aus dem Weg zu gehen. Du nimmst dir damit selbst die Chance, etwas zu lernen, und deine Lücken werden immer größer. Versuche lieber, dich für deine Bemühungen selbst zu belohnen. Setze dir ein Ziel, und wenn du es erreicht hast, erfüll dir z. B. einen lang ersehnten Wunsch. Die Belohnung sollte allerdings in einem angemessenen Verhältnis zu dem Aufwand stehen. Manchmal unterstützen einen auch die Eltern bei der Erfüllung eines Wunsches, wenn sie sehen, dass man sich wirklich Mühe gibt.

stimmt gar nicht (1 Punkt)	stimmt wenig (2 Punkte)	stimmt ziemlich (3 Punkte)	stimmt genau (4 Punkte)
◯	◯	◯	◯
◯	◯	◯	◯
◯	◯	◯	◯
◯	◯	◯	◯
◯	◯	◯	◯
◯	◯	◯	◯

Gesamtpunkte ☐ : 6 = Punkte ☐

Wichtig ist, dass du dir nicht zu große Ziele setzt, die du schnell wieder aufgibst. Stecke dir Zwischenziele, und überlege, wer dir gut dabei helfen könnte, einen Plan zu machen, wie du diese erreichen kannst. Das müssen nicht immer die Eltern sein, manchmal kann es auch die Patentante, die Oma oder ein Lehrer sein.

Dein Kreuzchen ist im roten Balken: Mittlere Abneigung
Obwohl du dieses Fach nicht total ablehnst, bist du auch nicht gerade ein begeisterter Anhänger davon. Das ist erst mal nicht so schlimm, denn wie du ja weißt, ist es sehr unwahrscheinlich, dass man alle Fächer in der Schule gleichermaßen mag.
TIPP: Wenn dein Ergebnis eher rechts im Balken liegt, so raten wir dir, dir selbst diesen Bereich etwas schmackhafter zu machen.
Z. B. gibt es manchmal interessante Übungshefte, die du mit deinen Eltern, Freunden oder auch alleine lösen könntest. Du kannst dir auch einen Film oder ein Buch ausleihen, in dem knifflige Aufgaben spielerisch angegangen werden. Das gilt natürlich nicht nur für das Fach Mathematik, sondern für alle Fächer.
Oder stöbere einmal im Internet, dort findet man jede Menge Rätsel- und Quizfragen, aber auch Aufgaben, wie du sie in der Schule bekommst. Oder du findest interessante Spiele, die dir ein bestimmtes Fach näherbringen.

Dein Kreuzchen ist links vom Balken: Niedrige Abneigung
Prima! Du empfindest keinen Widerwillen diesem Fach gegenüber und das ist eine wichtige Voraussetzung fürs Lernen.

3.

Fremdbestimmte Motivation: Für wen lerne ich?

Ich strenge mich im Matheunterricht an ...

1. ... weil ich möchte, dass mein Mathelehrer mit mir zufrieden ist.
2. ... weil von mir erwartet wird, dass ich mich im Unterricht anstrenge.
3. ... weil ich möchte, dass mein Mathelehrer mich für eine/n gute/n Schüler/in h
4. ... weil es mir peinlich wäre, dabei ertappt zu werden, geschlafen zu haben.

Ich strenge mich bei den Hausaufgaben an ...

5. ... weil von mir erwartet wird, dass ich meine Hausaufgaben mache.
6. ... damit sich meine Eltern freuen.
7. ... damit ich keinen Ärger mit meinen Eltern bekomme.
8. ... damit ich nicht zur Nachhilfe muss.
9. ... damit mich meine Eltern loben.

Bitte rechne die Punkte aus diesem Block zusammen und teile die Summe durch 9. Dabei erhältst du möglicherweise eine Kommazahl!

Zeichne deine Punkte im Diagramm mit einem Kreuz ein

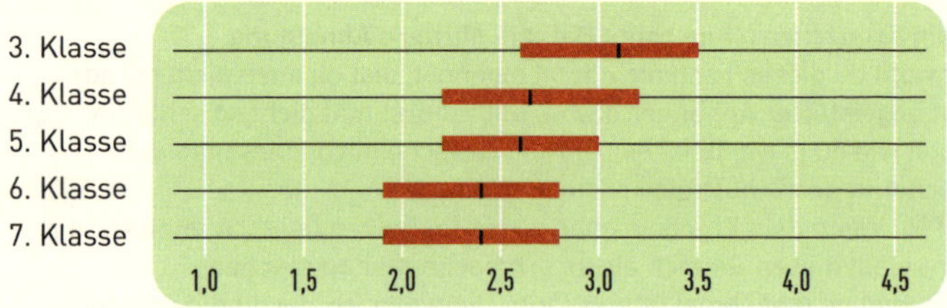

Dein Kreuzchen ist rechts vom roten Balken: Hohe Motivation
Deine Bereitschaft zu lernen ist ziemlich hoch ausgeprägt. Das ist eine gute Voraussetzung. Allerdings lernst du vor allem, um eine Belohnung für gute Noten zu bekommen oder um Ärger zu vermeiden.
TIPP: Finde heraus, ob es auch noch andere Gründe geben kann, für dieses Fach zu lernen. Oft fällt es leichter, Sachen zu lernen, die man sinnvoll findet. Wenn man sich erst einmal freiwillig und intensiver mit einem Problem beschäftigt, findet man nicht selten sogar Gefallen daran.

Dein Kreuzchen ist im roten Balken: Mittlere Motivation
Dein Streben, Anerkennung für gute Noten zu bekommen oder keinen Ärger mit den Eltern zu riskieren, liegt im durchschnittlichen Bereich.

stimmt gar nicht (1 Punkt)	stimmt wenig (2 Punkte)	stimmt ziemlich (3 Punkte)	stimmt genau (4 Punkte)
○	○	○	○
○	○	○	○
○	○	○	○
○	○	○	○
○	○	○	○
○	○	○	○
○	○	○	○
○	○	○	○
○	○	○	○

Gesamtpunkte ☐ : 9 = Punkte ☐

Prima, denn manchmal ist das sehr nützlich und hilft einem über Durststrecken hinweg. Allerdings ist es in der Regel leichter, für etwas zu lernen, das man als sinnvoll erachtet. Versuche, dir zu überlegen, wofür du das, was du lernst, im Alltag brauchen kannst.

Dein Kreuzchen ist links vom roten Balken: Niedrige Motivation
Dein niedriger Wert zeigt, dass du dich beim Lernen kaum an den Folgen (z. B. Lob von Seiten der Eltern oder Lehrer) orientierst. Wenn du gleichzeitig hohe Werte im Interesse und in der Lernzielorientierung hast, ist dies ein Hinweis darauf, dass deine Motivation vor allem aus dir selbst heraus kommt und du wenig Lockmittel brauchst, um dich mit dem Fach zu beschäftigen. Das ist die beste Basis für erfolgreiches Lernen.
Wenn du jedoch durchgängig niedrige Werte erreichst, solltest du dir überlegen, wie du dich selbst motivieren kannst.
TIPP: Zunächst solltest du versuchen, dich mit kleinen Verlockungen zum Lernen zu bringen und dich dabei auch nicht scheuen, dich selbst zu bestrafen, wenn du dich nicht an deine Pläne hältst (z. B. keine Verabredung, bevor du nicht fertig bist, oder 2,- Euro vom Taschengeld in eine Spardose werfen, die du erst dann öffnen darfst, wenn du dein Ziel erreicht hast). Du kannst auch deine Eltern bitten, dich zu unterstützen, indem sie z. B. etwas Besonderes mit dir unternehmen.

4.

Fähigkeitsselbstbild: Wie gut bin ich?

Manche Fächer findet man ganz schwer, und andere findet man ganz leicht. Wie sieht das bei dir in Mathe aus?

1. Ich bin in Mathe gut.
2. Mathe fällt mir leicht.
3. Im Matheunterricht mitzukommen fällt mir leicht.
4. Meine Hausaufgaben in Mathe schnell und gut zu machen ist für mich kein Problem.

Bitte rechne die Punkte aus diesem Block zusammen und teile die Summe durch 4. Dabei erhältst du möglicherweise eine Kommazahl!

Zeichne deine Punkte im Diagramm mit einem Kreuz ein

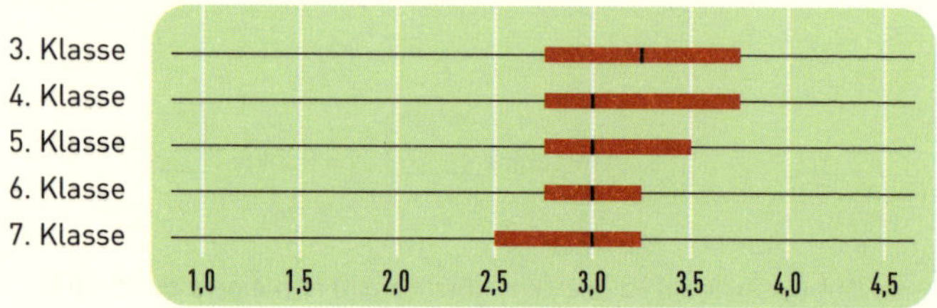

Dein Kreuzchen ist rechts vom roten Balken: Hohes Fähigkeitsselbstbild
Schön, dass du von deinen Fähigkeiten in dem Fach überzeugt bist! So kannst du dich ganz auf das Lernen konzentrieren. Erfolg wirkt motivierend, sodass man sich noch intensiver mit dem Fach beschäftigt, was wiederum dazu führt, dass es leichter ist, sein Wissen zu erweitern. So entsteht ein gut funktionierender Kreislauf.
TIPP: Weiter so! Versuch aber dabei, realistisch zu bleiben, und ruh dich nicht auf deinen guten Leistungen aus, sondern bleib am Ball.

Dein Kreuzchen ist im roten Balken: Mittleres Fähigkeitsselbstbild
Prima! Du schätzt deine Fähigkeiten in diesem Fach im mittleren Bereich ein.
TIPP: Wenn dein Wert dabei eher rechts im Balken liegt, kannst du ganz zufrieden mit dir sein und dich an deinen Erfolgen freuen.
Liegt dein Wert eher links im Balken, so überprüfe deine Einschätzung. Manchmal neigt man dazu, sich zu unterschätzen, weil man z. B. seine Fähigkeiten in diesem Fach mit denen in einem anderen Fach vergleicht, in dem man besonders gut ist.

stimmt gar nicht (1 Punkt)	stimmt wenig (2 Punkte)	stimmt ziemlich (3 Punkte)	stimmt genau (4 Punkte)
○	○	○	○
○	○	○	○
○	○	○	○
○	○	○	○

Gesamtpunkte ☐ : 4 = Punkte ☐

Dein Kreuzchen ist links vom Balken: Niedriges Fähigkeitsselbstbild
Du bist zu der Überzeugung gekommen, dass du für dieses Fach nicht begabt bist. Sicher hast du Erfahrungen gemacht, die dich zu dieser Annahme geführt haben, z. B. immer wieder schlechte Noten bekommen. Die Gefahr dabei ist, dass du in einen Teufelskreis gerätst. Du bekommst eine schlechte Note, führst sie darauf zurück, dass du in dem Fach halt schlecht bist, und siehst dich wieder einmal bestätigt. Nun gehst du bei der nächsten Arbeit von vornherein davon aus, wieder schlecht abzuschneiden, und möglicherweise lernst du erst gar nicht dafür oder nur sehr halbherzig, weil du denkst, es bringt sowieso nichts.

TIPP: Überlege nach einer schlechten Arbeit, ob es daran lag, dass du dich zu wenig vorbereitet hast, nicht regelmäßig deine Hausaufgaben gemacht hast oder nicht frühzeitig nachgefragt hast, wenn du etwas nicht verstanden hast. Gib nicht auf! Versuche, die Lücken zu schließen, und suche dir dafür Unterstützung (z. B. Eltern, Geschwister, Freunde oder Nachhilfelehrer). Beginne mit einfachen Aufgaben, die du schaffen kannst, und setze dir Ziele, die du erreichen kannst.
Erzähle anderen von deinen Erfolgen, genieße die Anerkennung, und lobe dich ruhig auch einmal selbst!

$E=mc^2$

5.

Lernzielorientierung: Das will ich wissen!

Ich fühle mich im Matheunterricht wirklich zufrieden …

1. … wenn ich die ganze Zeit richtig beschäftigt bin.
2. … wenn das, was wir lernen, sinnvoll ist.
3. … wenn ich ganz genau nachdenken muss.
4. … wenn ich etwas verstehe, was mir vorher unklar war.
5. … wenn ich ganz genau aufpassen muss, um mitzukommen.

Bitte rechne die Punkte aus diesem Block zusammen und teile die Summe durch 5. Dabei erhältst du möglicherweise eine Kommazahl!

Zeichne deine Punkte im Diagramm mit einem Kreuz ein

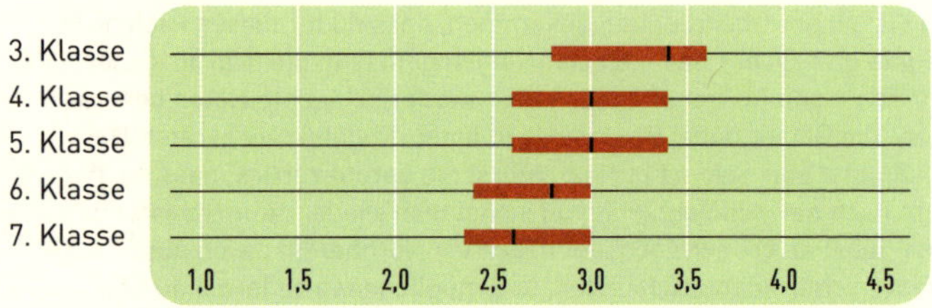

Dein Kreuzchen ist rechts vom Balken: Hohe Lernzielorientierung
Super! Für dich sind neue Themen eine willkommene Herausforderung, die du gern annimmst. Auch wenn du etwas nicht hinbekommst, gibst du nicht auf, sondern strengst dich umso mehr an, um die Aufgaben zu meistern, weil du der Überzeugung bist, dass man nur etwas erreichen kann, wenn man sich anstrengt. Du kannst entsprechend stolz auf ein gutes Ergebnis sein, weil du es deiner Anstrengung zu verdanken hast.
TIPP: Vielleicht schaffst du es, dir auch in scheinbar weniger interessanten Fächern deren Nutzen (z. B. für deinen späteren Beruf) vor Augen zu führen. Dann wird dir das Pauken auch nicht mehr so schwerfallen, und möglicherweise findest du sogar Gefallen an manchen Themen. Auch wenn es dir nicht so wichtig erscheint, verlier nicht deine Mitschüler aus dem Blick. Manchmal wirkt es anspornend, seine eigenen Leistungen mit denen besonders guter Schüler zu vergleichen.

Dein Kreuzchen ist im Balken: Mittlere Lernzielorientierung
Prima! Dein Wunsch, etwas Neues zu lernen, liegt im mittleren Bereich.

stimmt gar nicht (1 Punkt)	stimmt wenig (2 Punkte)	stimmt ziemlich (3 Punkte)	stimmt genau (4 Punkte)
○	○	○	○
○	○	○	○
○	○	○	○
○	○	○	○
○	○	○	○

Gesamtpunkte ☐ : 5 = Punkte ☐

Das Bedürfnis, sein Wissen zu erweitern, ermöglicht es, die neuen Informationen so zu verarbeiten, dass sie besser mit dem verbunden werden können, was man schon über das Thema weiß, und so langfristiger behalten werden können.

Dein Kreuzchen ist links vom Balken: Niedrige Lernzielorientierung
Schulische Herausforderungen stehen nicht sehr weit oben auf deiner Beliebtheitsskala. Möglicherweise hast du Angst vor neuen Themen in der Schule.

TIPP: Überlege, wozu du das, was du in dem Fach lernst, brauchen kannst und warum es sinnvoll ist, dafür zu lernen. Wenn dir selbst dazu keine Antwort einfällt, scheu dich nicht, andere zu fragen, z. B. einen Mitschüler, von dem du weißt, dass ihm das Fach gefällt, oder deine Eltern und Lehrer. Denke an das Sprichwort »Der Appetit kommt beim Essen«! Du wirst feststellen, dass dich ein Thema, von dem du geglaubt hast, dass es total langweilig ist, plötzlich doch interessieren kann.
Versuche, vor allem aus deinen eigenen Lernfortschritten Motivation zum Weiterlernen zu schöpfen. Das schaffst du, indem du deine Leistungen mit früheren vergleichst und so erkennst, was du dazugelernt hast.

6.

Wettbewerbsmotivation: Bin ich der Beste?

Schüler erleben mehr oder weniger häufig, dass ihnen der Unterricht richtig Spaß macht. Wie ist das bei dir? Ich fühle mich im Matheunterricht wirklich zufrieden …

1. … wenn ich mehr weiß als die anderen.
2. … wenn der Lehrer mich für einen der besten Schüler hält.
3. … wenn ich als Einziger die richtige Antwort weiß.
4. … wenn ich mehr Aufgaben richtig habe als meine Klassenkameraden.

Bitte rechne die Punkte aus diesem Block zusammen und teile die Summe durch 4. Dabei erhältst du möglicherweise eine Kommazahl!

Zeichne deine Punkte im Diagramm mit einem Kreuz ein

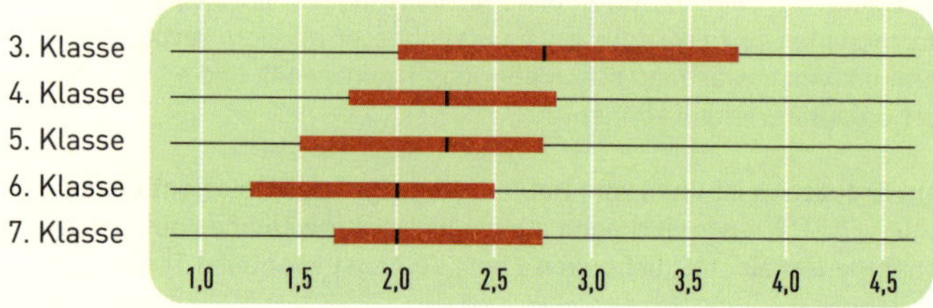

Dein Kreuzchen ist rechts vom Balken: Hohe Wettbewerbsmotivation
Dir ist es besonders wichtig, besser zu sein als deine Mitschüler und dies auch unter Beweis zu stellen. Diese Einstellung ist nicht verkehrt, birgt aber mehrere Gefahren:
1. Weil du so damit beschäftigt bist, besser zu sein als andere, konzentrierst du dich gar nicht so auf die Inhalte und merkst vielleicht gar nicht, wenn dich etwas wirklich interessiert.
2. Du vermeidest vielleicht Situationen, von denen du nicht genau weißt, was auf dich zukommt, und in denen du nicht sicher bist, dass du gut abschneiden wirst. Damit verbaust du dir die Chance, etwas Neues auszuprobieren und zu lernen.
3. Wenn du in einer Klasse bist, in der nicht so viele gute Schüler sind, kann es passieren, dass du dich darauf ausruhst, dass du besser bist als die anderen, und dich mit mittelmäßigen Leistungen zufriedengibst, obwohl du mehr erreichen könntest. Oder du überschätzt deine Fähigkeiten und hörst auf, dich auf Arbeiten gut vorzubereiten.

stimmt gar nicht (1 Punkt)	stimmt wenig (2 Punkte)	stimmt ziemlich (3 Punkte)	stimmt genau (4 Punkte)
○	○	○	○
○	○	○	○
○	○	○	○
○	○	○	○

Gesamtpunkte ☐ : 4 = Punkte ☐

4. Wenn du deine Fähigkeiten eher niedrig einschätzt, ist eine schlechte Note für dich eine besondere Bedrohung, und es fällt dir schwer, Fehler als Chance zum Weiterlernen zu sehen. Stattdessen fühlst du dich hilflos, und das blockiert dich für die nächste Arbeit.
TIPP: Bedenke: Zeigen, was man gelernt hat, kann man erst nach dem Lernen! Versuche stärker, dich auf deine eigenen Fortschritte zu konzentrieren. Sollte einmal eine Arbeit danebengehen, nimm dir vor, dich beim nächsten Mal besser vorzubereiten, um ein besseres Ergebnis zu erzielen. Setze dir Ziele, die für dich eine Herausforderung darstellen!

Dein Kreuzchen ist im roten Balken: Mittlere Wettbewerbsmotivation
Sehr gut, du hast deine Mitschüler im Blick und vergleichst dich mit ihnen, ohne unbedingt besser sein zu müssen. Manchmal ist es hilfreich, sich mit anderen zu vergleichen, um sich besser einschätzen zu können.
TIPP: Orientiere dich vor allem an den besseren Schülern, um dich eher anzuspornen und dich nicht mit einem »ausreichend« zufriedenzugeben, wenn du doch in der Lage bist, mehr zu erreichen.

Dein Kreuzchen ist links vom Balken: Niedrige Wettbewerbsmotivation
Es ist dir absolut nicht wichtig, besser abzuschneiden als deine Mitschüler. Einerseits ist das erfreulich, da du dadurch nicht so unter Druck stehst wie Mitschüler, die immer beweisen wollen, dass sie mehr können als andere. Andererseits bietet gerade die Orientierung an Schülern, die etwas besser sind, die Möglichkeit, von ihnen zu lernen, indem man beobachtet, was sie anders machen. Außerdem kann es ein Ansporn sein. Stolz auf eine gute Leistung zu sein, ist die beste Belohnung.

Vergleichsstudie

In die folgenden zwei Balkendiagramme sind Daten aus einer weiteren Studie eingetragen. Es wurde jeweils die Lernmotivation von Schülern in den Klassen 4 und 6 im Fach Deutsch untersucht. Diese Studie wurde 2007 mit 706 Schülern durchgeführt. Zumindest die Schüler der Klassen 4 und 6 können, nachdem sie den FOCUS-**SCHULE**-Test gemacht haben, ihre eigenen Werte in den Fächern Deutsch und Mathe miteinander vergleichen.

4. Klasse - Mathe und Deutsch

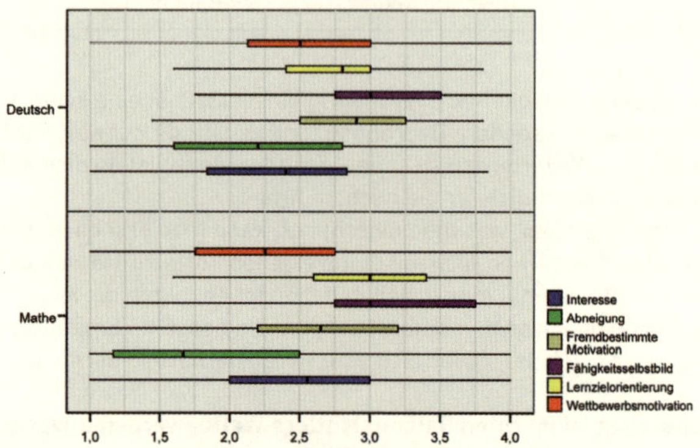

6. Klasse - Mathe und Deutsch

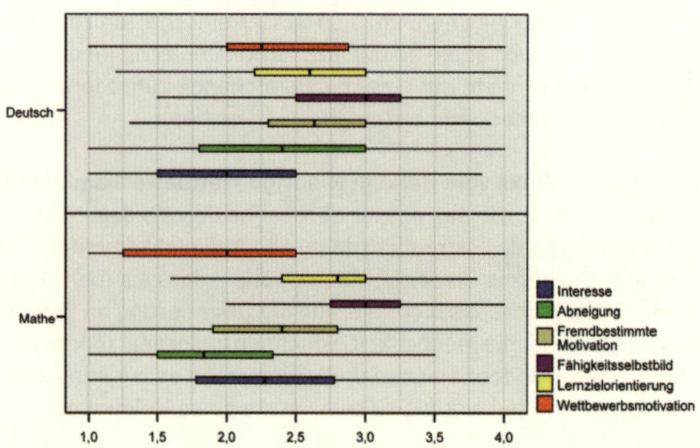

man hat, kann man beeinflussen und verändern – wie viel Begabung nicht.

Sorgen Sie für Erfolgserlebnisse. Gerade, wenn es mit Mathe & Co nicht optimal läuft, muss ein Ausgleich her. Ihre Fähigkeiten unter Beweis stellen können Kinder auch außerhalb der Schule. Besser als Computerspiele sind erfüllende Hobbys. Turnverein, Schach-AG oder Flötengruppe bescheren »Ich kann das!«-Momente.

Emotionale Intelligenz

Die Fähigkeit, mit negativen Gefühlen klarzukommen, spielt nicht nur beim Lernen eine große Rolle, sondern ist vielmehr eine Grundvoraussetzung, um erfolgreich durchs Leben zu gehen. Nur wenn Kinder lernen, Ärger, Frust und Angst zu bewältigen, entwickeln sie sich zu glücklichen, starken und motivierten Persönlichkeiten. Emotional herausfordernde Situationen erlebt Ihr Kind im Schulalltag zuhauf: Enttäuschung, wenn es die Klassenarbeit in den Sand gesetzt hat. Wut und Frustration, wenn die Mathegleichung wieder nicht aufgeht. Unruhe, wenn es am Schreibtisch sitzt, während die Spielkameraden draußen toben.

Sozial kompetente Kinder sind nicht nur zufriedener und beliebter, sie haben meist auch bessere Schulleistungen, wie Studien zeigen. Kinder können nur dann lernen, mit Gefühlen umzugehen, wenn sie keine Angst haben müssen, diese Gefühle auszudrücken. Wie man auf Menschen zugeht und ihre Gefühle deutet, wie man mit unangenehmen Situationen klarkommt, Wut oder Freude angemessen ausdrückt oder vernünftig diskutiert, lernen Kinder vor allem durch Beobachten – und zwar von Ihnen. In Sachen Emotionen sind Sie das Modell, an dem sich Ihr Nachwuchs orientiert. Steigern Sie also frühzeitig seinen »EQ«, seinen emotionalen Intelligenzquotienten.

Drücken Sie Gefühle deutlich aus. Etwa: »Ich ärgere mich über Papa, weil er so spät kommt.«

Entwickeln Sie ein **Gespür dafür, was Ihr Kind bewegt.** Beobachten Sie seine Gestik, Mimik und seinen Tonfall: Ist es aufmerksam bei der Sache, unruhig, wütend oder ängstlich? Fragen Sie ruhig nach, wenn Sie nicht sicher sind, wie es mit der Situation zurechtkommt und was es empfindet.

Sprechen Sie über Gefühle und erklären Sie, warum andere so reagiert haben könnten oder wie sie sich wohlfühlen (»Vielleicht war Claire deswegen gemein, weil sie eifersüchtig war, dass du mit Tom gespielt hast und sie dabei ein wenig vergessen hast.«). Machen Sie Ihr Kind auch auf seine eigenen unterschiedlichen Emotionen aufmerksam. Helfen Sie ihm, seine Gefühle und die anderer in Worte zu fassen. Machen Sie seine »innere Welt begehbar«, wie es Karl Gebauer, Autor von ›Klug wird niemand von allein‹, nennt.

Reagieren Sie angemessen auf die Emotionen Ihres Kindes, indem Sie es trösten, wenn es traurig ist, es nicht auslachen, wenn es sich schämt etc. Signalisieren Sie Verständnis, beispielsweise, indem Sie zustimmend nicken oder seinen Gesichtsausdruck widerspiegeln. Greifen Sie aber nicht sofort ein, sondern geben Sie ihm erst die Chance, allein mit seinen Empfindungen zurechtzukommen.

Wenn Sie merken, dass Ihr Kind mit der Situation überfordert ist und von Wut oder Verzweiflung überwältigt zu werden droht, müssen Sie helfen. **Nehmen Sie Einfluss** auf seine Gefühle, indem Sie beispielsweise seine Aufmerksamkeit auf etwas anderes lenken, es beruhigen, aufmuntern oder in den Arm nehmen. Nach Krisensituationen sollte Manöverkritik erst dann erfolgen, wenn der Ärger wieder verraucht ist und Sie sachlich miteinander sprechen können.

Ist ein Kind noch belastet, weil es in der Schule etwas Blödes erlebt hat oder ein Streit zwischen Geschwistern schwelt, hat es den Kopf nicht frei für das Lernen. Solche Situationen sollten vor dem Hausaufgabenmachen geklärt werden, damit negative Gefühle nicht an den Schreibtisch »verschleppt« werden.

Beobachten und überdenken Sie **Ihre eigenen Gefühle:** Sind Sie bereits genervt, wenn Ihr Kind sich endlich an den Schreibtisch setzt? Werden Sie ungeduldig, wenn es etwas nicht sofort versteht? Kritisieren Sie es in harschem Tonfall? Vorsicht! Versuchen Sie erst, Ihren eigenen Frust in den Griff zu bekommen, und signalisieren Sie Ihrem Kind dann mit freundlichen Blicken, positivem oder neutralem Tonfall, dass die Hausaufgaben gar nicht so schlimm sind, wie es denkt. So können Sie auch teilweise schlechter Laune Ihres Kindes vorbeugen.

Schwächen Sie negative Gefühle ab: Das gelingt manchmal bereits durch Sätze wie »So schlimm ist das doch gar nicht«, oder auch, indem eine Fünf in die richtige Perspektive gerückt wird: »Überlege mal, wie viele Klassenarbeiten du in deinem Leben noch schreiben wirst – da hat dieser eine Ausrutscher gar kein so großes Gewicht!«

Betreiben Sie **Gefühls-Coaching**: Erklären Sie Ihrem Kind, wie es selbst seine Emotionen steuern und verändern kann.

Bringen Sie Ihrem Kind bei, wie man …

- … Misserfolge konstruktiv verarbeitet. Statt über die verhauene Englischarbeit stundenlang zu lamentieren, ist es sinnvoller, sich zu überlegen, was schiefgelaufen ist, und wie man es beim nächsten Mal besser machen kann.
- … einen Plan zur Lösung eines Problems überlegt.
- … eine unangenehme Situation umdeutet.
- … negative Gedanken bewusst unterbrechen kann, etwa indem man sich ablenkt oder den »Gedankenstopp« anwendet (siehe Seite 107).
- … andere um Hilfe bittet, wenn man allein nicht weiterkommt.
- … sich beruhigen kann, indem man innerlich (oder laut) bis

zehn zählt, wenn man so wütend ist, dass man platzen könnte.

... Dampf ablässt, indem man laut flucht, um dann erleichtert weiterzumachen.

... sich selbst ermutigt, indem man sich an Erfolge aus der Vergangenheit erinnert und diese als Vergleichssituationen heranzieht.

... sich gegen Ablenkungen abschirmt. So kann es Ihrem Kind bereits helfen, das »Bitte nicht stören«-Schild an der Zimmertür zu befestigen, um nicht von seinem guten Lernvorsatz abzuweichen.

Durchhaltevermögen

Für gute Leistungen zählt Ausdauer mindestens so viel wie Intelligenz oder Talent. Menschen, die sich durchbeißen können, sind eher in der Schule, im Beruf oder in anderen Bereichen erfolgreich. Gute Noten werden schließlich nicht auf dem Silbertablett präsentiert – es macht Mühe, sie zu erlangen. Dass nicht alles sofort und im Handumdrehen funktioniert, erfahren Kinder durch Warten und Verzicht. Damit sie die Fähigkeit, Bedürfnisse zurückzustellen, lernen, ist es für Eltern wichtig, nicht alle (Konsum-)Wünsche unmittelbar zu erfüllen und auch mal Nein zu sagen. Eine aktuelle Studie findet einen Zusammenhang zwischen Taschengeld und Schulerfolg. Je höher die wöchentlichen oder monatlichen Aufwendungen, desto unwahrscheinlicher ist, dass Kinder das Abitur erreichen.

Eltern können vermitteln, dass Dinge, die mühsam sind, trotzdem erstrebenswert sind, und dazu ermuntern, dranzubleiben, wenn es schwierig wird. Psychotherapeut Joachim Bauer gibt zu bedenken: »Eltern bzw. Bezugspersonen, die bei jeder kleinen Schwierigkeit, über die das Kind bei einem Vorhaben klagt, gleich zum Abbruch blasen und etwas Neues ins Spiel bringen, erweisen ihm einen Bärendienst. Auch Fokussierung und Durchhaltevermögen kann das Kind nur durch Anleitung erlernen.«

Kinder erfahren durch das Vorbild ihrer Eltern, wie man den inneren Schweinehund überwindet. Kleine Trainingseinheiten: Beim Mittagessen so lange sitzen bleiben, bis alle fertig sind. Oder Haushaltspflichten als selbstverständlich erachten, den Müll rausbringen, die Spülmaschine ausräumen, den Hamster füttern – egal. Wenn sich Kinder daran gewöhnen, regelmäßig für bestimmte Aufgaben verantwortlich zu sein, ist es für sie nicht mehr so erstaunlich, dass auch die Hausaufgaben routinemäßig Disziplin erfordern. Eltern, die sich Werte wie Pflichtbewusstsein bei ihren Kindern wünschen, müssen darauf achten, dass ihr Handeln die gleiche Sprache spricht wie ihre Worte. Wahrscheinlich würden sie nie über eine rote Ampel gehen, wenn ihr Kind dabei ist. »Aber in vielen für das Lernverhalten des Kindes wichtigen Situationen sind sich Eltern ihres Vorbild-Charakters oft nicht bewusst«, hat die Psychologin Barbara Otto bemerkt. Papa bügelt sein Hemd immer erst kurz vor dem Meeting. Mama hat keine Lust, die Steuererklärung zu machen, und kokettiert damit. »Eltern können von Kindern nur schwer etwas verlangen, was sie nicht selbst vorleben«, weiß Barbara Otto. Wie oft sitzen Eltern vor dem Fernseher statt zu lesen, wie viel schlagen sie tatsächlich in Büchern nach oder suchen im Internet, wenn sie etwas nicht wissen, wie gehen sie mit Frustrationen um – in all diesen Situationen sind sie Vorbilder für ihre Kinder, im positiven wie im negativen Sinn.

Die richtigen Belohnungen, die richtige Kritik

Wenn Eltern das Lernen ihrer Kinder interessiert begleiten, bemerken sie Fortschritte meist eher als Lehrer, weil sie ihr Kind besser kennen. Und dann können sie positive Ansätze mit gezieltem Lob verstärken. Aber, betont Experte Falko Rheinberg: »Pauschale Komplimente wirken nicht. Eltern sollten genau sagen, was ihnen gefallen hat und wofür das Lob bestimmt ist.« Um so kommentieren zu können, müssen Eltern natürlich ein wenig genauer hinsehen.

Auch wenn das Ergebnis nicht immer der erste Platz oder die Traumnote ist, muss Einsatz honoriert werden. Dabei gilt es, realistisch zu bleiben. »Eltern erwarten überall Bestleistungen, übersehen dabei aber, dass ihr Kind vielleicht auf manchen Gebieten weniger fit ist als in anderen«, bemängelt der Augsburger Schulleiter Roman Mangold. Wer monatelang nur Sechsen kassiert hat, für den ist eine Vier eine großartige Leistung. Daher gilt es, sowohl die Schwierigkeit der Aufgabe als auch die Fähigkeiten des Kindes zu berücksichtigen.

Nicht für Kleinigkeiten sollte ein Kind Applaus erhalten, sondern wenn es sich angestrengt und etwas Besonderes geleistet hat. So bekommt es ein Gefühl dafür, was eine gute, mittelmäßige oder schlechte Leistung bedeutet und wie viel Einsatz sie jeweils erfordert. Wenn Eltern etwas loben, von dem sie insgeheim glauben, dass ihr Kind es hätte besser machen können, geht das oft nach hinten los. Das Kind bekommt so den Eindruck, dass es sich nicht anstrengen muss, weil das ja bereits gut genug war. Wenn es aber selbst weiß, dass mehr drin gewesen wäre, wird es auch einen Rüffel berechtigt finden und überzeugt sein, dass ihm viel zugetraut wird. Versuchen Sie, angemessene Anforderungen zu stellen, ohne ihr Kind zu überfordern.

Sehr effektvoll ist unerwartetes Lob, da es das dopaminerge Erwartungssystem des Gehirns besonders aktiviert. Beifall, mit dem Ihr Kind nicht rechnet, bleibt besonders lang im Gedächtnis, oder eine Belohnung, die in sich überraschend ist – statt Geld ein Ausflug, Zelten im Garten, oder wenn die Eltern das Kinderzimmer aufräumen. Aber die Würdigung beflügelt nur, wenn sie nicht aufgesetzt wirkt, sondern von

Herzen kommt. Übertreibung schmälert den Wert des Kompliments. Auch Ironie ist nicht angebracht und kann verletzend wirken: »So schnell wie du läufst, startest du bald bei den Olympischen Spielen!«

Will man eine gute Note würdigen, ist es besser, nicht das Ergebnis zu betonen, sondern den Weg dorthin, um dem Kind damit die Bedeutung des eigenen Einsatzes und der zur Erreichung des Ziels unternommenen Schritte bewusst zu machen – wichtig für ein dynamisches Selbstbild. Etwa: »Ich finde es klasse, dass du dir überlegt hast, deine Vokabeln mit Karteikarten zu lernen.« Applaus ist auch fällig, wenn ein Kind mit Startschwierigkeiten den ersten Schritt getan hat – dann sollten Sie nicht bis zum Ende warten.

Falls Sie »externe Verstärker«, also Belohnungen einsetzen: Sprechen Sie mit Ihrem Kind und machen Sie klar, dass nicht die Prämie der Grund dafür sein sollte, dass es sich anstrengt, sondern der Zugewinn an neuen Fertigkeiten oder Wissen, der zu erwarten ist. Betonen Sie, dass Sie mit der Prämie lediglich zeigen wollen, dass Ihnen die Sache am Herzen liegt, Sie beispielsweise nicht wollen, dass Junior in Mathe weiter auf einer Fünf steht, weil sie überzeugt sind, dass er das besser kann. Hat ein Kind wieder Erfolgserlebnisse, reduzieren Sie die Preise, damit sie nicht zum Selbstzweck werden, sondern das Kind sich an der eigenen Kompetenz freut, wie auf S. 37 im Kapitel »Belohnungen lohnen nicht immer« erklärt. Sinnvoll ist es auch, die Latte dann höher zu legen. Gab es am Anfang schon einen Bonus für die Erledigung der Hausaufgaben, muss beim nächsten Mal bereits zwei, dann drei oder fünf Tage hintereinander ohne Murren durchgehalten werden. Die Belohnung sollte an ein vom Schüler selbst formuliertes – realistisches – Ziel geknüpft sein. Wenn eine Eins in Mathe utopisch ist, muss man dafür keine Prämie ausloben. Für Aufgaben, die ein Kind ohnehin gern erfüllt, ist kein äußerer Anreiz nötig.

Besonders effektiv wirken nicht materielle Prämien, sondern schöne Erlebnisse, die Eltern und Kind miteinander teilen, ein Besuch im Zoo oder mit Papa außer der Reihe im Garten kicken. Wichtig ist auch, dass die Belohnung möglichst zeitnah zur vereinbarten Leistung erfolgt, damit der positive Zusammenhang in Erinnerung bleibt. Also zum Beispiel im Anschluss an die schwierigen Hausaufgaben gemeinsam einem Hörspiel lauschen oder einen Kuchen backen. Experten raten, Prämien eher nicht an ein bestimmtes Resultat, etwa eine Zensur, zu knüpfen, sondern sie für die Anstrengung an sich auszuloben: »Wenn du eine Woche lang jeden Tag 20 Minuten für die Klassenarbeit büffelst, darfst du am Wochenende ins Kino, egal, ob eine Eins oder eine Drei herauskommt.« So ist die Chance, die Eigenmotivation zu erhalten, höher.

Nicht immer läuft beim Lernen und im Alltag alles rund. Das Zimmer ist wieder nicht aufgeräumt, die Hausaufgaben sind nur hingeschlampt. Dann darf und muss auch mal getadelt werden. Aber äußern Sie Beanstandungen konstruktiv und in möglichst sachlichem und neutralem Tonfall. Machen Sie Ihrem Kind immer wieder klar, dass Kritik nicht bedeutet, dass Sie es weniger lieben, sondern dass Sie lediglich mit seinem aktuellen Verhalten nicht einverstanden sind. Es *ist* kein »Fehler«, sondern hat einen Fehler *gemacht*. Das Feedback sollte konkret formuliert sein, auf die aktuelle Situation bezogen, und nicht die Persönlichkeit des Kindes herabwürdigen. Also nicht: »Nie räumst du dein Zimmer auf. Du bist so ein Chaot!«, sondern »Du hast dich nicht an unsere Abmachung gehalten«. Nicht: »Du bist faul und dumm«, sondern »Du hast dich diesmal zu wenig angestrengt«. Ein absolutes No-Go sind natürlich Killerbotschaften wie »Hast du das immer noch nicht verstanden?« oder »Für Sprachen hast du einfach kein Talent«. Solche Kommentare ruinieren das Selbstbewusstsein jedes Kindes. Anregungen wie diese bewirken viel mehr: »Die Formel, die du angewandt hast, ist richtig, aber du solltest noch einmal das Ergebnis überprüfen.« Schulleiter Roman Mangold, Vater von drei Kindern, gibt den Tipp: »Wenn Eltern den Tadel in Lob einbetten, also auch sagen, was gut war, dann nehmen Kinder ihn eher an. Wer nur herumschimpft, erreicht wenig.« Und das Verhältnis muss angemessen sein. Die Komplimente für die Ehrenurkunde dürfen nicht geringer ausfallen als die Kritik bei schlampiger Klausurvorbereitung.

Bei schlechten Noten gilt es, nach den Ursachen zu forschen: »Ich glaube, du hast zu spät mit der Vorbereitung für die Klassenarbeit angefangen, kann das sein?« Erklären Sie Ihrem Kind, dass nicht mangelnde Fähigkeiten, sondern zu geringer Einsatz die Ursache für sein unbefriedigendes Abschneiden sind, denn den kann es beeinflussen.

Wissbegier und Forscherdrang

Wer mit Interesse lernt, lernt ausdauernder und intensiver, weil er den Stoff wirklich verstehen möchte. Dann ist die intrinsische Motivation automatisch mit von der Partie. Indem Sie Ihr Kind neugierig und offen für die Erkundung der Welt machen, unterstützen Sie die Herausbildung von Interessen. Ein anregendes Familienklima fördert den Entdeckergeist. 80 Prozent ihres gesamten Wissens erwerben Kinder, so schätzen Experten, außerhalb der Schule. Helfen Sie ihnen dabei, etwa indem Sie gemeinsam Ausstellungen, Museen, Science Center besuchen, oder dem Kind die Möglichkeit geben, Schulwissen zu Hause anzuwenden. Zum Beispiel prägen sich Maßeinheiten aus dem Matheunterricht viel besser ein, wenn man sie einmal beim Kuchenbacken benutzen konnte. Pädagogen wissen: Wenn sie Kinder in ihrer eigenen Lebenswelt abholen, ist deren Bereitschaft, sich mit einem Thema zu beschäftigen, viel größer. Jeder Wiedererkennungseffekt bedeutet ein Erfolgserlebnis. Weitere Ideen, wie Sie Interesse wecken, finden Sie ab Seite 103.

Studien zeigen, dass Kinder, die in einer stimulierenden Umwelt und mit vielen sozialen Kontakten aufwachsen, weniger Angst vor Misserfolgen haben und von ihrer Fähigkeit, Probleme lösen zu können, überzeugt sind. Beides sind wichtige Faktoren für die Entstehung von Lernmotivation.

Mit Ihrem Input wächst übrigens auch der IQ Ihres Kindes. Wissen kann man nicht in den Kopf hineinfüllen – jeder muss es selbst »konstruieren«, d.h. mit seinem Vorwissen verknüpfen und einordnen. Je mehr Andockstellen der Schulstoff im Gehirn vorfindet, desto besser bleibt er haften, Wissen führt zu mehr Wissen. Je vielfältiger die Anregungen sind, die ein Kind erhält, sei es durch eine Bergwanderung, eine Ruderpartie oder die Schnitzeljagd im Museum, desto komplexere Strukturen entstehen in seinem Gehirn. Und desto größer ist die Chance, dass neues Wissen irgendwo eine Stelle findet, an der es sich einhaken kann.

Eine Studie des University College London bewies kürzlich, dass es effektiver ist, neue Fakten mit alten zu mischen, als das Gedächtnis immer wieder mit denselben Informationen zu befüttern. Neues macht neugierig. Denn das Gehirn sieht in neuen Informationen die potenzielle Chance auf eine Belohnung in Form eines Erfolgserlebnisses und setzt daher Dopamin frei. Dieser Neurotransmitter verbessert, wie wir wissen, die Lernleistung. Emrah Düzel, einer der Initiatoren der Studie: »Bei Altbekanntem fehlt diese Stimulation des Gehirns, die Information verliert ihren Reiz.« Darum ist es wichtig, bereits Gelerntes immer mal wieder neu zu »verpacken«, dem Lernen einen neuen Kick zu geben. Englischvokabeln tauchen beispielsweise in einem Popsong in einem ganz neuen Zusammenhang auf. Regen Sie Ihr Kind an, eine möglichst skurrile Eselsbrücke für eine Geschichtszahl zu erfinden. Oder animieren Sie es doch einmal, die Matheaufgaben im Badezimmer zu lösen – diese ungewöhnliche Erfahrung wird dafür sorgen, dass das Gelernte besser haften bleibt. Ermuntern Sie Ihr Kind zu zeigen, was es bereits gelernt hat. Zum Beispiel, indem Sie eine Behauptung aufstellen, die es mit seinem Wissen widerlegen kann. Experten raten zu gelegentlicher geschlechter-gerechter Stoffvermittlung: Jungen haben mehr Spaß an Übungsdiktaten, wenn gruselige Monster oder wilde Piraten vorkommen. Mädchen können mit naturwissenschaftlichen Themen mehr anfangen, wenn sie wissen, welche Auswirkungen für Menschen damit verbunden sind. Der soziale Bezug macht die Inhalte weniger abstrakt und fassbarer für sie.

Fördern Sie die Interessen Ihres Kindes, auch wenn sie nichts mit dem Schulstoff zu tun haben oder Sie selbst keinen speziellen Bezug dazu haben.

Entspannung und Bewegung

Nur wer auch ausruhen kann, fühlt sich dem Druck des Schulalltags gewachsen. Bringen Sie Ihrem Kind bei, wie man konstruktiv mit Stress umgeht. Entspannungsübungen, Fantasiereisen, autogenes Training, progressive Muskelentspannung oder Yoga können helfen. Meditation verbessert die Konzentrationsfähigkeit enorm. Auch Sport ist toll zum Relaxen, solange das Training nicht selbst in Stress ausartet, sondern einfach Spaß macht und Gelegenheit zum Auspowern bietet. Von Bewegung profitiert zudem das Gehirn, wie etwa Hirnforscher Gerd Kempermann vom Berliner Max-Delbrück-Centrum beweist. Mäuse, die er in einer abwechslungsreichen Umgebung mit Tunneln, Laufrädern und anderen Spielzeugen umherlaufen ließ, bildeten mehr Nervenzellen im Hippocampus-Areal, einem für das Langzeitgedächtnis wichtigen Gehirnbereich, und lernten besser.

Kinder sollten nicht dauernd »bespaßt« werden. Sie brauchen Zeiten des Nichtstuns. Choreograf Royston Maldoom, bekannt aus dem beeindruckenden Dokumentarfilm

›Rhythm is it!‹, sagte in einem Interview mit der ›Süddeutschen Zeitung‹: »Kinder müssen sich langweilen. Weil wir sie mit Bildern bombardieren, haben sie jede Kreativität verloren.« Auch Psychotherapeutin Verena Kast betont die Bedeutung der Langeweile und ermutigt dazu, reizarme Phasen nicht mit Umtriebigkeit zu füllen, sondern bewusst auszuhalten: »Wenn Eltern ständig Anregungen parat haben, werden Kinder nicht mehr selbst aktiv. Kinder sollten lernen, sich selbst daraus zu befreien, indem sie nicht ständig auf Input von außen warten, sondern in sich hineinhorchen.« Das kann ungeahnte Entdeckungen zutage fördern, so Verena Kast: »Im Idealfall finden sie heraus, was ihre eigenen, wahren Interessen sind. Es ist eine bereichernde Erfahrung, wie aus der Leere oder aus dem Nichts eine neue Welt geschaffen wird.«

WAS KÖNNEN ELTERN TUN? PLAN OF ACTION

»Auch mit Steinen, die dir in den Weg gelegt werden, kannst du etwas Schönes bauen.«
Erich Kästner

In diesem Kapitel geht es darum, wie Sie Ihrem Kind den Einstieg in selbstständiges, selbstmotiviertes Lernen zeigen und erleichtern können. Weil der Weg aus vielen kleinen Schritten besteht, unterstützt Sie das nächste Kapitel dann noch detaillierter mit Tipps und Übungen für jeden Tag.

Sie haben jetzt die Wahl. Wenn Sie sich Ideen für einen kurzfristigen Anschub wünschen, hilft Ihnen der Schnell-Aktionsplan für eine Woche weiter. Dieser könnte zum Einsatz kommen, wenn es etwa gilt, vor einer Klassenarbeit die Energie zum Lernen anzukurbeln. Mit dem mittelfristigen Aktionsplan für einen Monat können Sie bereits weiterreichende Veränderungen erzielen und strukturierteres Lernen einüben, sodass Ihr Kind wieder Spaß daran entwickelt. Und die langfristige Strategie für ein halbes Jahr, die auf dem Monatsprogramm aufbaut, soll effektives Lernverhalten und positive Einstellungen dauerhaft stabilisieren. Zentrale Prinzipien wie liebevolle Förderung und Konsequenz gelten immer, wenn es darum geht, die Motivation zu steigern. Daher fassen wir zu Beginn des Kapitels noch einmal die unverzichtbaren »Basics« zusammen. Außerdem erfahren Sie, wie Sie sich in der täglichen Hausaufgabensituation mit Ihrem Kind so verhalten, dass seine Leistungsbereitschaft wächst, denn das tägliche Üben hat eine zentrale Funktion für das Motivationstraining. Am Ende des Kapitels finden Sie unter dem Stichwort »Troubleshooting« Lösungen für typische Probleme und Krisensituationen, die beim Lernen auftreten können.

Die Basics: Das ist wichtig

Bieten Sie einen verlässlichen, liebevollen Rahmen Geborgenheit, Vertrauen und Liebe in der Familie unterstützen die Lernlust. Signalisieren Sie Verständnis für die Gefühle Ihres Kindes, damit es sich aufgehoben und angenommen fühlt. Etablieren Sie feste Rituale und klare Abläufe für Mahlzeiten, Hausaufgaben oder das abendliche Vorlesen. Damit Ihr Kind immer weiß, woran es ist und was es zu erwarten hat, bleiben Sie konsequent. Wenn Sie Vereinbarungen treffen, besprechen Sie vorher, was passiert, wenn Ihr Kind oder Sie Ihren Part der Abmachung nicht erfüllen – und halten Sie sich dann auch daran. Sanktionen sollten konsequent und zeitnah erfolgen und sie müssen angemessen und für das Kind verständlich sein. Eine Woche Fernsehverbot für einmal versäumte Hausaufgaben ist zu hart. Bleiben Sie ehrlich. Ihr Kind wird sich veralbert fühlen, wenn Sie ihm weismachen wollen, dass Lernen immer spannend ist. Geben Sie ruhig zu, dass es nicht ständig Spaß macht und anstrengend sein kann, sich aber trotzdem lohnt. Verlangen Sie nicht immer 100 Prozent. Manchmal genügt es, wenn die Hausaufgaben »ganz okay« statt »super« gemacht sind. Haben Sie Geduld, wenn nicht alles auf Anhieb klappt. Spendieren Sie gelegentlich »Fish for nothing«, das sind Belohnungen außer der Reihe, die Ihr Kind überraschen und nicht an eine Bedingung geknüpft sind.

Vor allem bleiben Sie realistisch. So wenig wie Sie wird Ihr Kind sich immer für alles motivieren können, und das muss auch mal okay sein, ohne dass Sie dabei inkonsequent werden.

Erleichtern Sie den Einstieg Sorgen Sie dafür, dass Ihr Kind beim Lernen wirklich seine Ruhe hat. Ein »Bitte nicht stören«-Schild an der Zimmertür zeigt Geschwistern an, wenn sie draußen bleiben müssen. Der Fernseher bleibt ausgeschaltet, am besten läuft auch keine Musik. Manche Kinder können sich mit leiser musikalischer Untermalung konzentrieren – das müssen Sie ausprobieren. Besser ist dann allerdings rein instrumentelle Beschallung, da die Wortanteile im Radio und Lieder mit Text bei der Bearbeitung sprachlicher Aufgaben ablenken. Eltern sollten auch dafür sorgen, dass sie nicht selbst zum Störer werden. Halten Sie sich beim Lernen im Hintergrund. Weitere Hinweise für das Verhalten während der Hausaufgaben finden Sie ab Seite 89. Generell gilt, dass kurze, regelmäßige Lerneinheiten wirksamer sind als seltene Marathonsitzungen auf den letzten Drücker. Stellen Sie die nötigen Hilfsmittel zur Verfügung – Wörterbücher, Atlas und ein Internetzugang für Web-Recherchen sind wertvolle und sinnvolle Ressourcen. Zeigen Sie Ihrem Kind, wie man sie benutzt und wann man sie einsetzt. Mit einer eigenen Karte für die Stadtbibliothek kann es sich Bücher zum Spaßlesen oder für Hintergrundinformationen ausleihen.

Erkennen Sie die individuellen Möglichkeiten Ermitteln Sie den Lerntyp Ihres Kindes. Behält es Inhalte besser, wenn es eine Geschichte erzählt bekommt, ein Bild zu der Rechenaufgabe malt, oder beim Lernen durchs Zimmer läuft? Der vom youngworld-Institut für Begabungsanalyse entwickelte Lerntypentest auf www.focus-schule.de hilft, es herauszufinden (Lizenzgebühr 7,90 Euro). Stimmen Sie die Lernstrategien entsprechend darauf ab, damit der Stoff schneller und besser hängen bleibt. Im Anhang finden Sie außerdem eine Liste empfehlenswerter Lernratgeber. Regen Sie Ihr Kind dazu an, sich beim Lernen selbst über die Schulter zu sehen, um so die eigenen Leistungen besser kontrollieren und steuern zu können. Ein Lerntagebuch kann helfen, sich selbst einzuschätzen. Und so funktioniert es: In einem neuen Heft hält Ihr Kind jeden Tag Dauer und Inhalt der Lernsession fest. Dazu kommt eine Notiz zu den verwendeten Strategien, zum Schluss ein Fazit. Das kann auch ganz kurz ausfallen, jüngere Kinder machen beispielsweise einfach Piktogramme wie Smileys. Ist Ihr Kind mit dem Ergebnis nicht zufrieden, können Sie gemeinsam Verbesserungsmöglichkeiten überlegen. Unter www.focus-schule.de/lerntagebuch finden Sie eine Vorlage für ein Lerntagebuch als kostenlosen Download im PDF-Format.

Jedes Kind ist anders Unsere Ratschläge können daher immer nur Anregungen sein. Die Experten für Ihr Kind sind Sie. Testen Sie, was und wie es bei ihm funktioniert, Sie kennen es schließlich am besten. Wir möchten Ihnen lediglich den Blick eröffnen für die Möglichkeiten, die Sie haben. Manche Kinder verstehen schnell und nehmen gerne Neues an, andere sperren sich vielleicht anfangs eher. Dabei spielt es auch eine Rolle, in welcher Entwicklungsphase sich ein Kind befindet. Bei jüngeren Kindern ist es einfacher, Veränderungen durchzusetzen, weil ihre Verhaltensweisen noch nicht so eingeschliffen sind. Finden Sie den individuellen Weg, der für Ihr Kind und Sie funktioniert. In jedem Fall sollten Sie Ihr Kind nicht überfordern, sondern gemeinsam realistische Ziele setzen. Langfristig soll Ihr Kind immer mehr Verantwortung selbst übernehmen. Gegen seinen Willen werden Sie ohnehin nichts erreichen, denn Motivation kann man niemandem »einimpfen«.

Schneller Aktionsplan für eine Woche

Wenn eine Klassenarbeit ansteht, gilt es, die Unlust schnell zu überwinden, das Pensum richtig zu organisieren und gute Lernbedingungen zu schaffen. So gelingt es:

Überprüfen Sie Ihre eigene Einstellung Vermitteln Sie Ihrem Kind manchmal, dass Schule und Lernen unnötig sind oder die Lehrer inkompetent? Wie reden Sie über die Schule? Aussagen wie »Chemie muss man nicht können« oder »In Deutsch war ich auch immer schlecht« könnten den Antrieb Ihres Kindes bremsen. Loben Sie genug? Führen Sie eine Woche lang ein »Positiv-Tagebuch«, empfehlen Ingrid Zansinger und Winfried Veeser vom Nürnberger Elterntraining. Notieren Sie darin jeden Tag, was bei Ihrem Kind gut gelaufen ist, worüber Sie sich gefreut haben, worauf Sie stolz sind – und wie Sie ihm das jeweils gezeigt haben. Ermuntern Sie Ihr Kind durch eigenen Enthusiasmus. Empfehlenswerte Sätze, um Anerkennung zu äußern, lesen Sie auf Seite 114.

Beenden Sie den Streit ums Lernen Vereinbaren Sie einen »Waffenstillstand«, falls Sie und Ihr Kind sich in einem Teufelskreis aus Streit und Vorwürfen befinden. Starten Sie einen friedlichen Neuanfang. Aussagen wie »Deine blöden Hausaufgaben« sind ab sofort tabu. Achten Sie darauf, dass unangenehme Gefühle, Probleme oder Sorgen nicht mit an den Schreibtisch geschleppt werden. Stimmen Sie Ihr Kind mit angenehmen Ritualen auf das Lernen ein. Sie können ihm beispielsweise einen »Kraft-Tee« kochen oder ein paar Apfelschnitze, eine Banane oder Nüsse als Brainfood reichen. Oder Sie lassen es vor dem Lernen sein aktuelles Lieblingslied hören, eine Runde auf dem Trampolin springen, oder was sonst für gute Stimmung sorgen könnte. Wenn diese Deeskalationsstrategien nicht funktionieren, sollten Sie mittelfristig über ein Outsourcing der Betreuung nachdenken, etwa professionelle Nachhilfe. Stellen Sie aber sicher, dass Ihr Kind dies nicht als Strafe empfindet, sondern als Hilfsangebot, weil Sie möchten, dass es besser zurechtkommt.

Sorgen Sie für einen angemessenen Arbeitsplatz Ihr Kind sollte einen seiner Körpergröße entsprechenden, ausreichend geräumigen Schreibtisch zur Verfügung haben, der mit Tageslicht und Lampen optimal ausgeleuchtet ist. Notwendige Arbeitsmaterialien wie Lineal, Stifte, Radiergummi etc. liegen griffbereit parat. Schnickschnack und Spielzeug lenken nur ab und haben auf der Arbeitsplatte nichts verloren– Ausnahme ist ein kleiner Glücksbringer, der auch mit zur Prüfung kommen darf. Nach dem Üben wird aufgeräumt und die Tasche gemäß dem Stundenplan für den nächsten Tag gepackt.

Erstellen Sie gemeinsam eine To-do-Liste Was ist für die Vorbereitung der Klassenarbeit zu erledigen? Welche Kapitel kommen dran? Was wird wann erledigt? Welche Zusammenhänge hat Ihr Kind noch nicht verstanden, welche Vokabeln oder Fakten muss es noch einmal auffrischen? Übrigens: Den Plan notieren natürlich nicht Sie, sondern Ihr Kind. Sinnvolle Tipps und Anregungen bietet auch der »Prüfungs-Checker«, den Sie kostenlos auf www.focus-schule.de herunterladen können. Verdeutlichen Sie Ihrem Kind, dass es besser ist, so früh wie möglich mit dem Lernen zu beginnen, damit noch Zeit bleibt, eventuell auftretende Probleme zu lösen, das Gelernte wirklich zu verstehen und zu speichern. Regen Sie Ihr Kind dazu an, sich jeden Tag vor dem Lernen zu überlegen, was es schaffen will und wie lange es dafür vermutlich brauchen wird. Ziehen Sie hinterher gemeinsam Bilanz: Lag es mit seiner Einschätzung richtig? Was hat gut geklappt, wo sind Probleme aufgetreten, was könnte es beim nächsten Mal anders machen?

Finden Sie den Spaßfaktor Zeigen Sie, dass Lernen nicht immer bierernst sein muss. Jüngere Kinder lassen sich etwa mit kleinen Spielen zum Üben animieren. Wie wäre es mit einer Partie »Mathe-Mensch-ärgere dich nicht«? Jedes Mal, wenn eines der Männchen rausfliegt, muss eine Übungsaufgabe gelöst werden. Erfinden Sie gemeinsam Reime oder alberne Lieder, um Fakten unterzubringen. Weitere Tipps, um mit netten Ideen die Neugier anzuregen, finden Sie auf Seite 103.

Achten Sie auf ausreichend Schlaf Die Nachtruhe bildet ein wichtiges Fundament des Lernerfolgs. Unverzichtbar ist sie besonders, wenn eine Klassenarbeit ansteht. Im Schlaf gelangt das Wissen in das Langzeitgedächtnis des Gehirns. Neun bis zehn Stunden sind für Schulkinder von neun bis dreizehn Jahren optimal.

Mittelfristiger Aktionsplan für einen Monat

In rund vier Wochen können Sie Ihrem Kind mit diesem Plan helfen, sein eigenes Lernen besser zu strukturieren und neue Verhaltensmuster einzuüben.

Übertragen Sie Ihrem Kind die Verantwortung für sein Lernen – aber, ohne dass es das Gefühl bekommt, Sie wollten es allein lassen. Machen Sie ihm klar: »Du bist derjenige, der lernen muss, das kann und will ich dir nicht abnehmen. Aber ich kann dir helfen, das Lernen leichter und angenehmer zu machen.« Ziehen Sie sich zurück aus dem Hausaufgabenprozess, Schritt für Schritt. Wenn Ihr Kind es gewohnt ist, dass Sie die Aufgaben gemeinsam erledigen, erklären Sie ihm, dass es ab sofort der Entscheider ist. Sie können anfangs noch daneben sitzen, wenn es nötig ist. Aber nehmen Sie ihm nicht die Arbeit ab. Beschäftigen Sie sich mit etwas anderem, während Ihr Kind übt. Als zweiten Schritt können Sie in der Lernzeit in einem anderen Zimmer als Ansprechpartner bei Problemen zur Verfügung stehen. Im dritten Schritt halten Sie sich zunächst ganz raus und ziehen erst nach den Hausaufgaben gemeinsam ein Resümee, wie das Lernen gelaufen ist.

Etablieren Sie einen Rhythmus Eine feste Lernzeit, an die Ihr Kind sich gewöhnen kann, verringert die Gefahr endloser Diskussionen und Streitigkeiten. Besprechen Sie mit Ihrem Sprössling, wann er selbst meint, die Hausaufgaben am besten erledigen zu können. Gleich nach dem Mittagessen? Nach einer längeren Pause am Nachmittag? Oder erst am frühen Abend, wenn er gespielt hat und Freizeittermine vorbei sind? Nehmen Sie dabei auch auf den Biorhythmus Ihres Kindes Rücksicht. Hat Ihr Kind viele Hobbys und Termine, ist es sinnvoll, für jeweils eine Woche im Voraus passende Lernzeiten zu vereinbaren und schriftlich festzuhalten. Fordern Sie die abgesprochenen Termine konsequent ein, bis Ihr Kind sich an den neuen Plan gewöhnt hat und von allein daran denkt. Helfen Sie ihm, den Überblick zu gewinnen. Klassenarbeiten, Freizeit- und sonstige Termine sollten in einem eigenen oder dem Familienkalender notiert werden. Halten Sie Ihr Kind dazu an, Termine für Klassenarbeiten immer sofort einzutragen und gleichzeitig einen Tag für den Beginn der Vorbereitung zu markieren – etwa eine Woche vorher, damit genug Zeit bleibt. Neben dem Lernen gilt es, die Freizeit nicht zu vernachlässigen, sonst wächst der Groll, und das Lernen wirkt wie eine Strafe.

Helfen Sie bei der Planung Besprechen Sie mit Ihrem Kind, was es in der Schule erreichen will, in welchen Fächern es sich verbessern oder was es an seinem Verhalten ändern möchte. Die Ziele sollten möglichst konkret formuliert sein. Also nicht »Ich will in Englisch besser werden«, sondern: »Ich möchte die Vokabeln aus Lektion drei beherrschen«. Entwickeln Sie erreichbare und überprüfbare Etappenziele und Vorsätze, etwa »Ich lerne jeden Tag 10 Minuten die Vokabeln der Lektionen 1 bis 3, Mama hört mich jeden zweiten Tag ab« oder »In Deutsch versuche ich ab sofort, mich zweimal pro Stunde zu melden«. Überprüfen Sie wöchentlich, wie weit es in der Umsetzung gekommen ist. Lassen Sie Ihr Kind auch überlegen, wie es mit Rückschlägen und Enttäuschungen umgehen will. Feiern Sie gemeinsam erreichte Ziele. Planvolles Vorgehen ist besonders bei den Hausaufgaben wichtig (siehe Seite 89).

Optimieren Sie den Lernprozess Regelmäßiges Wiederholen ist unabdingbar, damit der Stoff sich verfestigt. Und clevere Methoden helfen, leichter und effektiver zu lernen. Regen Sie Ihr Kind dazu an, sich genauer zu überlegen, wie es beim Lernen vorgeht. So kann es beispielsweise vorher eine Checkliste erstellen, die es abarbeitet. Helfen Sie ihm, sinnvolle Lernmethoden auszuprobieren, etwa einen Karteikasten für Vokabeln zu verwenden, Lernplakate an den Wänden zu befestigen, oder mit Skizzen und Zeitleisten Wissen zu strukturieren und zu veranschaulichen. Zahlreiche Ratgeber widmen sich sinnvollen Lernstrategien für Schüler. Buchtipps finden Sie im Anhang.

Arbeiten Sie mit einem Bonuspunktesystem Hat Ihr Kind extreme Startschwierigkeiten, ins selbstständige Lernen zu finden, kann es erforderlich sein, es durch äußere Anreize kurzfristig zu motivieren. Definieren Sie gemeinsam Tätigkeiten und Aufgaben, die Ihrem Kind schwerfallen. Jedes Mal, wenn es eine davon erledigt, erhält es einen Bonuspunkt. Sie können beispielsweise kleine Sticker verwenden oder für jede bewältigte Handlung einen Plastikchip vergeben. Hat das Kind 10, 20 oder 30 Punkte zusammen, darf es eine kleine, vorher vereinbarte Belohnung einlösen. Sobald der eigene Antrieb geweckt ist, sollte das Punktesammeln langsam beendet oder schwieriger werden.

Nehmen Sie sich Zeit für Gespräche mit Ihrem Kind und geben Sie ihm hilfreiches Feedback. Beobachten Sie dafür seine Lernfortschritte. Vergleichen Sie seine Leistungen mit seinen eigenen vorherigen Ergebnissen, nicht mit denen anderer Kinder oder Geschwister, so können Sie auch kleine Fortschritte besser wahrnehmen und würdigen. Schulen Sie den konstruktiven Umgang Ihres Kindes mit Fehlern, wenn Sie etwa nach einer Klassenarbeit Bilanz ziehen. Geben Sie ihm die Chance, die Fehleranalyse erst einmal selbst vorzunehmen. Dann finden Sie gemeinsam heraus, wo Schwierigkeiten liegen und wie es sich verbessern könnte. Vielleicht erkennen Sie gemeinsam ein Schema, nach dem die Fehler entstanden sind? Oder Sie finden heraus, was Ihr Kind bei der Vorbereitung versäumt hat und beim nächsten Mal ändern könnte. Misserfolgsbegründungen wie »Der Lehrer mag mich nicht« sollten Sie nicht gelten lassen. Schärfen Sie Ihrem Nachwuchs ein, dass Fehler normal sind und keine Stolpersteine, sondern Stufen, mit deren Hilfe es die Kompetenzleiter hinaufsteigen kann. Sinnvolle Feedback-Formulierungen finden Sie auf Seite 114.

Regen Sie zum Selbstcoaching an Ihr Kind sollte sich beim Lernen immer wieder an den selbst gesteckten Zielen orientieren und überprüfen, ob es sich darauf zu bewegt. Schweifen die Gedanken ab, treten Störungen auf? Wie geht es damit um? Vereinbaren Sie, dass es eine Pause macht, wenn es merkt, dass seine Konzentration abflaut. Es sollte auch überprüfen, wie lange es für bestimmte Handlungen benötigt. Das zu wissen, hilft, den Lernprozess besser zu planen. Regen Sie Ihr Kind an, eine Liste mit möglichen Selbst-Belohnungen zu entwerfen: Was macht ihm Spaß, womit kann es sich nach getaner Arbeit eine Freude machen? Solche positiven »Verstärker« können beispielsweise sein: eine CD hören, Sport treiben, mit der besten Freundin telefonieren oder mit der Katze spielen. Der Stolz auf die eigene Leistung wächst auch, wenn Ihr Kind die Aufgaben, die es bereits erledigt hat, auf einem Zettel durchstreichen kann oder den Zettel zerknüllt, wegwirft und damit den erledigten Hausaufgabenberg wachsen sieht. Auf Seite 113 finden Sie Motivationssprüche, mit denen Ihr Kind sich selbst anspornen kann.

Langfristige Strategie: In einem halben Jahr

Sie haben mit dem mittelfristigen Aktionsplan die Basis für Veränderungen gelegt? Dann können Sie jetzt mit der Halbjahresstrategie dafür sorgen, dass das selbstständige Lernen zur Routine wird, sodass Ihr Kind weniger abhängig von Ihrer Fremdsteuerung wird.

Schließen Sie einen Lernvertrag Eine solche Zielvereinbarung schafft Verbindlichkeit darüber, was zu verbessern ist und wie die Veränderungen konkret aussehen sollen. Fragen Sie Ihr Kind, was es selbst umgestalten möchte, wie es am Lernen mehr Spaß haben könnte. Formulieren Sie dann konkret, welche Schritte unternommen werden und wie überprüft wird, ob sie erfolgreich eingehalten werden. Fragen Sie Ihr Kind, welche Art von Unterstützung es sich dabei von Ihnen wünscht. Machen Sie regelmäßig den Erfolgs-Check: Funktioniert der Plan oder sind Kurskorrekturen notwendig? Was hat bisher recht gut geklappt? Sind Fehler aufgetreten, die Sie gemeinsam beheben können? Vermeiden Sie zu viel Routine. Nach einer Weile ist es Zeit, den Plan zu überdenken und neu zu justieren, um ihn gegebenenfalls an veränderte Rahmenbedingungen anzupassen. Wertschätzen Sie, was Ihr Kind bereits geschafft hat. Und schärfen Sie sein eigenes Bewusstsein seiner Tüchtigkeit: »Da kannst du stolz auf dich sein.« Nehmen Sie sich regelmäßig Zeit für Gespräche.

Wecken Sie die Neugier, damit Ihr Kind den Spaß am Lernen entdeckt und sich kompetent fühlt. Bieten Sie Anknüpfungspunkte für den Schulstoff, Anregungen dafür finden Sie auf Seite 103. Diskutieren Sie am Mittagstisch über aktuelles Geschehen und gestalten Sie eine offene, anregende Lernumgebung zu Hause. Besuchen Sie gemeinsam Museen, ein exotisches Restaurant, machen Sie einen Ausflug zu einem Berg oder See, unternehmen Sie eine historische Stadtführung … Werden Sie kreativ und regen Sie Ihr Kind dazu an, schulisches Wissen in einen größeren Zusammenhang einzuordnen und den Sinn des Gelernten zu suchen. Vor allem dürfen Sie im Gespräch mit Kindern ruhig zugeben, was Sie nicht wissen – und genau das dann zusammen mit den Kindern nachschlagen. Das macht Spaß, weil Sie in einem »Lernboot« sitzen, und es zeigt den Kindern, wie man etwas in Erfahrung bringt, und dass Sie es für wichtig halten, das zu können.

Verringern Sie Stress Die richtige Balance von Anspannung und Entspannung ist nicht nur für das Lernen, sondern auch für das allgemeine Wohlbefinden Ihres Kindes wichtig. Bringen Sie Regelmäßigkeit und Strukturen in den Tagesablauf. Wenn Ihr Kind durch zu viele Verpflichtungen überfordert ist, überlegen Sie gemeinsam, wie Sie den Terminkalender entrümpeln können. Es sollte immer genügend Zeit zum »Abhängen«, »Chillen«, Spielen und sogar mal Langweilen sein – das füllt die Batterie auf. Helfen Sie, Stresssituationen rechtzeitig zu erkennen, zu entschärfen und vorbeugen zu lernen, etwa der Nervosität vor der Prüfung, indem Sie sie thematisieren und gemeinsam nach Lösungen suchen. Clevere Stresskiller finden Sie unter »Die Bremse im Kopf überlisten« (Seite 112). Fällt es Ihrem Kind sehr schwer, mit Stress-Situationen umzugehen, kann es sinnvoll sein, ein Entspannungsverfahren wie autogenes Training oder progressive Muskelentspannung zu lernen. Für zu Hause eignen sich auch CDs mit so genannten Fantasiereisen oder Bücher, aus denen Sie diese entspannenden Geschichten vorlesen können. Buchtipps sind im Anhang zusammengestellt.

Fördern Sie Selbstständigkeit durch mehr Verantwortung und Pflichten. Bereits Erstklässler können kleinere Einkäufe erledigen, die Spülmaschine ausräumen oder den Müll wegbringen. In der zweiten oder dritten Klasse sollten sie in der

Lage sein, ihre Schultasche und den Turnbeutel selbst zu packen. Dritt- bis Viertklässler sollten langsam lernen, einfache Gerichte zu kochen und immer mehr Aufgaben im Haushalt zu übernehmen. Jugendliche können sich mit Ferien- oder Nachmittagsjobs eigenes Geld dazuverdienen.

Haben Sie Geduld und erinnern Sie sich selbst immer wieder daran, Konsequenz zu zeigen. Natürlich schreibt sich das leichter, als es im Alltag tatsächlich umzusetzen ist. Man hat nicht immer die Kraft, die Zeit oder die Lust, »motivatorisch korrekt« zu reagieren. Es ist eine harte Aufgabe, die Sie als Eltern haben, ohne Zweifel. Die Rolle des Motivators ist nicht beliebt und oft ziemlich undankbar, weil sie nicht honoriert wird. Sie müssen bei Ihrem Kind dadurch oft den Buhmann spielen. Aber es zahlt sich aus, wenn auch nicht sofort. Bleiben Sie dabei und versuchen Sie, Ihre Leichtigkeit nicht zu verlieren! Achten Sie darauf, gute Vorsätze Ihres Kindes nicht mit einem schnell dahingesagten »Das schaffst du eh nicht« zu torpedieren, auch wenn Sie genervt sind und es schwerfällt, an seine Beteuerungen zu glauben. Bleiben Sie trotzdem dran, seien Sie konsequent und konstant und bieten Sie Ihrem Kind immer wieder Ihre Hilfe an. Das Ziel ist lohnenswert. Ihr Kind wird selbstständig und mit Freude lernen.

Darauf sollten Sie bei den Hausaufgaben achten

Mit Ihrem Verhalten beim täglichen Üben haben Sie großen Einfluss auf die Arbeitshaltung Ihres Kindes. Darum fassen wir hier noch einmal zusammen, worauf es dabei besonders ankommt.

Balance zwischen Zuwendung und Abstand Vermitteln Sie Ihrem Kind das Gefühl, dass Sie den Überblick haben und ansprechbar für Probleme sind, aber bleiben Sie im Hintergrund, z.B. indem Sie sich mit etwas anderem beschäftigen. Dadurch signalisieren Sie: Das sind DEINE Hausaufgaben. Aber auch: Ich vertraue dir, dass du das allein schaffst. Setzen Sie auf Kooperation statt Bevormundung. Das zeigt sich schon in Kleinigkeiten. Ihr Kind sollte sein Buch selbst in die Hand nehmen, aufschlagen und entscheiden, womit es anfangen will, dann die Aufgaben selbst vorlesen. Es heißt auch nicht »Was haben wir auf?«, sondern »Was hast DU auf?« Fragen Sie Ihr Kind, wie es vorhat, die Aufgabe zu lösen, damit es darüber nachdenkt. Sie können aber gemeinsam etwas nachschlagen oder über den geeigneten Lösungsweg diskutieren.

Gefühlsmanagement Helfen Sie Ihrem Kind, mit Frust und anderen unangenehmen Emotionen umzugehen, die während des Lernens auftreten. Achten Sie auch darauf, mit welchen Gefühlen Sie selbst die Lernsituation beeinflussen. Anregungen für das Lernen mit »Emotionaler Intelligenz« können Sie ab Seite 65 nachlesen.

Die richtigen Lernstrategien sind das Werkzeug für »Lern-Handwerker«. Sie erleichtern die Arbeit und helfen, bessere Ergebnisse zu erzielen. Regen Sie Ihr Kind dazu an, die Lehrer nach geeigneten Methoden zum Üben zu fragen.

Zeit für Pausen Zur Erinnerung: Sechsjährige können sich nur etwa 15 Minuten am Stück konzentrieren, dann müssen sie fünf Minuten abschalten. Bei Neunjährigen steigert es sich auf 20 Minuten. Ab zwölf Jahren können Kinder sich 30 Minuten und mehr einer Sache zuwenden. Achten Sie auf die Signale Ihres Kindes, wenn es unkonzentriert wird. Es liest beispielsweise dieselbe Zeile wieder und wieder, ohne sie zu verstehen, macht beim Bearbeiten Flüchtigkeitsfehler oder wird quengelig. Besprechen Sie, wie es selbst merkt, dass ein Break fällig ist und machen Sie es auf die Anzeichen aufmerksam. Tipps für sinnvolle Pausengestaltung finden Sie auf Seite 108. Experten empfehlen übrigens, dass bei Erst- und Zweitklässlern die Gesamtzeit der Hausaufgaben 30 Minuten nicht überschreiten sollte, Dritt- und Viertklässler sollten nach etwa 45 Minuten fertig sein.

Realistische Selbsteinschätzung Fragen Sie Ihr Kind, wie viel Zeit es glaubt, zum Lesen von zwei Seiten im Arbeitsbuch zu benötigen oder um zehn Vokabeln zu lernen. Stoppen Sie dann die Zeit, aber unter realistischen Bedingungen, es soll sich nicht extra beeilen und schludern. Regen Sie es an, sich vor dem Lernen zu überlegen, wie viel Zeit es für welche Arbeit einplant.

Alle Kanäle nutzen Je mehr Sinne beim Lernen angesprochen werden, desto besser. Klatschen Sie den Rhythmus eines Gedichtes mit, animieren Sie Ihr Kind, sich eine Skizze zur Lösung der Matheaufgabe anzufertigen oder eine schwierige Passage aus dem Deutschbuch auf Band zu sprechen, um sie dann abzuhören.

Positive Kommunikation Machen Sie sich nicht über Ihr Kind lustig, wenn es etwas nicht versteht. Verkneifen Sie sich Kommentare wie »Geht doch!« oder »Na siehst du, warum nicht gleich so!« Damit teilen Sie gleich wieder einen Dämpfer aus, der indirekte Kritik beinhaltet.

Nicht überloben Wenn Sie etwa Vokabeln abhören, müssen Sie nicht jede richtige Antwort mit »super« oder »ja, genau!« bestätigen, ein Nicken oder wortlose Zustimmung genügen. Psychologin Elke Wild erklärt den Grund dafür: »Das Kind kann seine Aufmerksamkeit weiter auf die Aufgabe richten, und es lernt, dass die Anforderungen mit den eigenen Fähigkeiten wachsen.«

Strategisch vorgehen Lassen Sie Ihr Kind vor Beginn festlegen, welches Fach es zuerst bearbeiten möchte. Am sinnvollsten ist es, mit etwas anzufangen, das Spaß macht – wie dem Lieblingsfach – oder das ohne großes Nachdenken erledigt werden kann. Regen Sie Ihr Kind zum strukturierten Arbeiten an. Sie können etwa die einzelnen Schritte, mit denen es eine Aufgabe löst, laut mitsprechen, damit es sich den Prozess bewusst macht. Also beispielsweise: »Erst die Aufgabe lesen.« »Wonach ist gesucht?« »Alle wichtigen Informationen rausschreiben.« »Jetzt multiplizierst du A mit B.« usw. Halten Sie Ihr Kind dazu an, es Ihnen nachzutun und sich die Schritte selbst vorzusprechen, bis es sie verinnerlicht hat und sie nur noch in Gedanken durchgeht.

Helfen ohne Vorsagen Nehmen Sie Ihrem Kind nicht die Arbeit ab, wenn Probleme auftreten! Geben Sie Tipps, sodass es allein weitermachen kann. Hindert ein Fehler am Weiterarbeiten, weisen Sie darauf hin, ohne direkt zu korrigieren oder die Lösung vorwegzunehmen. Animieren Sie Ihr Kind mit Beispielen, selbst zu überlegen, oder formulieren Sie die Frage um. Geben Sie Zusatzhilfen durch Hinweise und Stichworte und lassen Sie ihm genügend Zeit, selbst nachzudenken und auf die Antwort zu kommen.

Sagen Sie beispielsweise:

- »Wie hast du das denn sonst immer gemacht?«
- »Mit welcher Methode hast du die vorigen Aufgaben gelöst?«
- »Erklär mir mal, wo genau das Problem liegt.«
- »Welche Informationen hast du, die dir weiterhelfen könnten?«
- »Kontrollier die erste Passage, dann kommst du bestimmt darauf.«
- »Lies dir die Aufgabe noch einmal genau durch.«
- »Denk in Ruhe darüber nach, ob du es nicht doch weißt.«

Nicht unterbrechen Halten Sie sich mit Tipps, Hinweisen und Verbesserungsvorschlägen immer so lange zurück, bis Ihr Kind seinen Denkprozess beendet hat und aufnahmefähig für Ihre Anregungen ist.

Vorgaben beachten Verwirren Sie Ihr Kind nicht. Vor allem in Fächern wie Mathematik sollten Sie nicht versuchen, ihm Ihre eigenen Methoden nahezubringen, etwa »Wir haben das damals aber so gelernt …« oder »Das geht so viel einfacher«. Didaktik und Vorgehensweisen haben sich verändert und weiterentwickelt, seit Sie selbst in der Schule waren. Wenn Sie wirklich helfen wollen, sollten Sie sich vom Lehrer Tipps geben lassen, wie Sie besser erklären können und welche zusätzlichen Aufgaben zum Üben geeignet sind.

Troubleshooting: Was mache ich, wenn …?

In jeder Familie gibt es Krisensituationen, Streitfallen und Punkte, an denen man immer wieder aneinandergerät. Wenn es um das Thema Hausaufgaben und Lernen geht, sind bestimmte Probleme jedoch sehr typisch. Hier erfahren Sie, wie Sie in acht charakteristischen Konfliktsituationen richtig reagieren und damit die Lage schnell entschärfen. Nicht alles lässt sich jedoch mit diesen Tipps in den Griff bekommen. Manchmal kann es ratsam sein, professionelle Hilfe in Anspruch zu nehmen.

Was mache ich, wenn mein Kind …?
… trödelt?
Bevor Sie losschimpfen, weil Ihr Kind schon wieder vor sich herschiebt, mit den Hausaufgaben anzufangen, sehen Sie genau hin, ob es diesmal nicht doch von selbst darauf gekommen ist. Gegenseitige Missverständnisse heizen die gereizte Stimmung nur weiter an. Vergällen Sie Ihrem Kind den

Start ins Lernen nicht mit einem Streit, dann hat es noch weniger Lust. Bemühen Sie sich um einen möglichst sachlichen Tonfall, wenn Sie Ihr Kind zum Lernen auffordern, um die Arbeitsatmosphäre nicht zu vergiften.

Sie haben Ihr Kind zum wiederholten Male gebeten, sich endlich an den Schreibtisch zu setzen, und es spielt immer noch mit seinen Barbie-Puppen oder Autos herum? Lassen Sie den Konflikt jetzt nicht eskalieren. Erinnern Sie Ihr Kind in neutralem Ton daran, dass der vereinbarte Startzeitpunkt bereits verstrichen ist, und dass es das Spielen oder Herumwurschteln wunderbar auch später noch erledigen kann, quasi um sich selbst damit zu belohnen. Erzählen Sie vielleicht, wie Sie selbst vorgehen, wenn Sie sich zu einer unangenehmen Aufgabe wie etwa der Bügelwäsche aufraffen wollen, dass Sie sich sagen »Je eher daran, desto eher davon« oder Ähnliches. Eine täglich gleichbleibende, konsequent eingehaltene Uhrzeit für den Beginn der Hausaufgaben senkt mittels Routine die Hemmschwelle, sich aufzuraffen und kann Aufschubhandlungen vorbeugen.

Kommt das Herumträumen trotzdem häufiger vor, versuchen Sie herauszubekommen, was hinter der Verzögerungstaktik steckt. Vielleicht braucht Ihr Kind vor den Hausaufgaben erst mal eine Pause, um sich richtig auszutoben, oder ist genervt, weil es den ganzen Nachmittag daran gedacht hat, dass es am frühen Abend noch Mathe lernen muss. Dann sollten Sie gemeinsam darüber sprechen, ob die vereinbarte Lernzeit wirklich sinnvoll ist, oder ob man sie besser ein wenig nach vorn verlegen sollte. Probieren Sie es einmal aus.

Eine weitere Ursache könnte auch Überforderung sein. Vielleicht weiß Ihr Kind nicht, womit es anfangen soll, angesichts der Menge an Aufgaben. Lesen Sie dazu die Frage auf Seite 96.

Ist die Trödelei nicht vor, sondern während der Hausaufgaben ein Problem, sollten Sie die Selbstkontrolle Ihres Kindes verbessern. Üblicherweise fallen ihm statt Mathe, Bio oder Erdkunde tausend andere Dinge ein, die es jetzt lieber tun würde. Machen Sie eine Übung daraus: Ihr Kind soll einmal alle störenden Gedanken, die ihm während der Hausaufgaben durch den Kopf schwirren, auf einem Zettel notieren. Damit sind sie dann erst einmal auf Papier gebannt, erscheinen nicht mehr so drängend, und man kann sich ihnen später zuwenden. Das meiste hat sich dann ohnehin bereits erledigt.

Eine zweite Möglichkeit, die gerade für jüngere Kinder hilfreich sein kann, ist es, einen Wecker oder eine Eieruhr zu stellen, die anzeigt, wann die Zeit abgelaufen ist. Dazu müssen Sie zunächst eine realistische Bearbeitungsdauer für die Aufgaben ermitteln, damit Ihr Kind nicht in Stress gerät und schludrig arbeitet. Eines sollte aber vorab vereinbart sein und dann auch eingehalten werden: Ist die Zeit abgelaufen, wird die Arbeit eingestellt – auch wenn dies bedeutet, dass es nicht fertig geworden ist und mit unvollendeten Aufgaben in die Schule gehen muss. Eine Ermahnung des Lehrers wirkt oftmals effektiver als zig elterliche Nörgeleien.

... sich nicht konzentrieren kann?

Mögliche Ursachen: Ihr Kind benötigt eine Pause, muss erst einmal durchatmen, sich austoben oder einen Schluck Wasser trinken (Tipps für sinnvolle Pausengestaltung auf Seite 108). Schlafmangel reduziert ebenfalls die Aufmerksamkeit. Schulkinder im Alter etwa von neun bis dreizehn Jahren benötigen neun bis zehn Stunden Bettruhe jede Nacht, um tagsüber leistungsfähig zu sein. Bei Pubertierenden verschiebt sich die innere Uhr nach hinten, das heißt, sie wollen später ins Bett und dann auch länger schlafen – das bringen die Umbauprozesse im Gehirn mit sich, da sie den Melatoninspiegel verändern, der beeinflusst, wann wir müde werden. Auch übermäßiger Medienkonsum macht hibbelig. Begrenzen Sie also Fernseh- und PC-Zeiten auf ein sinnvolles Maß.

Veranstalten Sie einen kleinen Konzentrationswettbewerb: »Wetten, dass du es nicht schaffst, zehn Minuten ruhig am Schreibtisch sitzen zu bleiben?« Damit wird der Ehrgeiz geweckt. Auch der Arbeitsplatz kann durch zu viel Ablenkung den Fokus auf das Wesentliche stören. Je leichter Ihr Kind sich stören lässt, desto minimalistischer sollte der Schreibtisch ausgestattet sein. Um die Konzentration beim Lesen zu stärken, empfehlen Pädagogen ein Sichtfenster aus Papier zu basteln, das jeweils nur die aktuelle Zeile freigibt.

Überprüfen Sie auch Ihr eigenes Verhalten. Vielleicht lenken Sie Ihr Kind durch Kommentare oder gut gemeinte Ratschläge ab oder unterbrechen seinen Denkprozess, wenn Sie eine Hilfestellung geben wollen. Beschäftigen Sie sich mit etwas anderem, während Ihr Kind arbeitet, und mischen Sie sich nur ein, wenn es wirklich nicht weiterweiß.

Sie wollen noch mehr Ratschläge und Übungen? Petra Thorbrietz erklärt in ›Konzentration‹, dem ersten Band der Reihe ›Leichter lernen mit FOCUS-SCHULE‹, wie Sie die Aufmerksamkeit Ihres Kindes fördern und trainieren können.

... sich überfordert fühlt und nicht weiß, wo es anfangen soll?
So ein Gefühl lähmt. Aber es nützt natürlich nichts, deswegen den Kopf in den Sand zu stecken und zu kapitulieren. Helfen Sie Ihrem Kind, strukturiert vorzugehen. Es muss vor allem das Gefühl bekommen, die Situation selbst bewältigen zu können. Dafür ist es hilfreich, zunächst den großen Berg in kleinere Etappen zu unterteilen. Fragen Sie, was überhaupt ansteht, was es genau aufhat. Legen Sie dann gemeinsam eine Reihenfolge fest, nach der es vorgehen kann. So konkret wie möglich soll Ihr Kind zusammenfassen, was zu tun ist. Lassen Sie es eine To-do-Liste anfertigen, die es dann Punkt für Punkt abstreicht. Einmal zu Papier gebracht, liegt der Berg nicht mehr im Nebel, sondern nimmt konkrete Formen an.

Für den Beginn empfiehlt sich eine einfache Aufgabe, die ein schnelles Erfolgserlebnis verschafft. Vielleicht das Lieblingsfach, oder eine angenehme Aufgabe wie Malen? Mit mechanischen Tätigkeiten wie Basteln, Malen oder Ausschneiden kommt Ihr Kind leichter in Schwung, weil sie weniger abschreckend sind als Aufsätze oder Rechenaufgaben. Auch das Zusammensuchen der benötigten Materialien und Hilfsmittel (Lineal, Wörterbuch, Atlas etc.) als erste »Aufgabe« senkt die Hürde. Man kann auch mal die Reihenfolge variieren und in der Mitte anfangen, wenn die erste Aufgabe zunächst zu schwierig erscheint.

Vielleicht zögert Ihr Kind auch deswegen, weil es die Aufgabe noch nicht richtig verstanden hat und nicht weiß, was von ihm erwartet wird. Dann müssen Sie als »Übersetzer« fungieren, der die Handlungsanweisungen des Lehrers in kindgerechte Sprache überträgt. Sprechen Sie gemeinsam durch, was zu tun ist, damit es die Anweisungen begreift.

Wichtig, wenn Ihr Kind zwischen den einzelnen Etappen eine Pause einlegt: Gewöhnen Sie Ihrem Kind an, sich bereits vor der Unterbrechung zu überlegen, womit es weitermachen will und dafür alles bereitzulegen, damit der Wiedereinstieg nicht so schwerfällt.

Ist das Gefühl der Überforderung ein tägliches Charakteristikum des Lernens, sollten Sie das als Alarmsignal werten. Fehlen Ihrem Kind bestimmte Fertigkeiten, hat es große Lücken in wichtigen Fächern? Dann gilt es, gemeinsam zu überlegen, wie es diese schließen kann, damit es nicht völlig den Anschluss verliert. Suchen Sie auch das Gespräch mit dem Lehrer.

… nicht weiß, was es aufhat?

Bevor Sie jetzt genervt zum Telefonhörer greifen und einen Rundruf bei den Klassenkameraden Ihres Sprösslings starten, sollten Sie kurz überlegen, wer dafür verantwortlich ist, sich die Hausaufgaben zu merken oder zu notieren. Besprechen Sie mit Ihrem Kind, woher sein Blackout kommen könnte: Hat es gerade mit dem Tischnachbarn geschwatzt, nur die Hälfte mitbekommen, aus dem Fenster gestarrt, an etwas anderes gedacht? Danach sollte es selbst versuchen, das Problem zu lösen.

Ist die Schlamperei ein regelmäßig auftretendes Ärgernis, müssen Sie gezielt vorgehen. Schaffen Sie mit Ihrem Kind ein Hausaufgabenheft an (sofern das nicht ohnehin schon zu den gängigen Schulmaterialien gehört). Besonders effektiv ist es, wenn Sie eine Zeit lang den Lehrer um Unterstützung bitten. Er könnte jeweils überprüfen, ob alles korrekt notiert ist, und Sie bestätigen dann nachmittags mit Ihrer Unterschrift, dass auch Sie das Aufgabenheft gesehen haben. Die strenge Kontrolle können Sie wieder aufgeben, sobald Ihr Kind verantwortungs- und pflichtbewusst genug ist, selbstständig daran zu denken.

… bockig wird und nicht lernen will?

Ihr Kind pfeffert das Heft in die Ecke, schreit lauthals »Scheiß Bio! Ich kapier das einfach nicht!«, hämmert auf die Tischplatte oder tritt gegen den Stuhl? Wenn Sie jetzt selbst die Stimme erheben und laut werden, erreichen Sie wenig. Auch Trösten ist bei Wut nicht die angemessene Reaktion, kann den Frust sogar noch verstärken. Halten Sie sich erst einmal zurück, um die Situation nicht noch mehr anzuheizen. Auch die Androhung von Strafen würde eher zur Eskalation führen. Soweit möglich, sollte Ihr Kind seine Gefühle selbst in den Griff bekommen. Sie können ihm aber wortlos demonstrieren, dass Sie seinen Ärger verstehen und Mitgefühl haben – indem Sie einfach seinen Gesichtsausdruck spiegeln, also imitieren. Dadurch erhält es die Gelegenheit, sich und sein Verhalten quasi von außen zu betrachten und zu verstehen, was gerade in ihm vorgeht. Gelingt es ihm nicht, wieder auf den Teppich zu kommen, können Sie eingreifen und helfen, seine Gefühle zu steuern, etwa indem

Sie es aufmuntern oder seine Aufmerksamkeit auf etwas anderes lenken. Sie können den kleinen Hitzkopf auch anregen, die Situation umzubewerten, indem Sie ihm erklären, dass Fehler ganz normal sind und sich bestimmt eine Lösung finden lässt. Erinnern Sie Ihr Kind vielleicht daran, wie es mit den Aufgaben erst kürzlich sehr gut klargekommen ist, dass also kein Grund besteht, generell an seinen Fähigkeiten zu zweifeln. Oder bieten Sie ihm an, eine Pause zu machen und die Hausaufgaben später weiterzuführen, wenn es sich beruhigt hat.

Dann können Sie ihm helfen, mit den Aufgaben weiterzumachen, ohne selbst das Heft in die Hand zu nehmen. Sagen Sie nicht: »Da ist der Fehler«, sondern bringen Sie Ihr Kind mit Fragen und Ratschlägen auf den richtigen Weg.

Ist der Ärger verraucht, sollten Sie in einer ruhigen Minute mit dem Kind darüber sprechen, was es erlebt hat, ohne sein Verhalten zu verurteilen. Stellen Sie klar, dass Sie Verständnis haben, aber verdeutlichen Sie ihm auch die Folgen: »Dadurch, dass du gegen den Stuhl getreten hast, hat sich das Problem ja auch nicht gelöst.« Lassen Sie es Vorschläge machen, wie es beim nächsten Mal anders reagieren könnte, erzählen Sie eventuell auch, was Sie machen, wenn Sie sich richtig ärgern. Durch solche »Manöverkritik« besteht die Möglichkeit, dass Ihr Kind mit der Zeit effektivere Strategien der Emotionsregulierung entwickelt.

... bei einer Aufgabe stecken bleibt und aufgeben will?

Immer wieder fragende Blicke, immer wieder »Ich kann das nicht«? Machen Sie Ihrem Kind klar, dass es nicht erwarten kann, dass Sie ihm die Arbeit abnehmen, und ermuntern Sie es, bei der Sache zu bleiben und noch einmal nachzudenken. Sollten Sie aber merken, dass es bei einer Aufgabe wirklich nicht weiterweiß und Sie um Hilfe bittet, geben Sie einen Anschub.

Führen Sie es mit Fragen auf die richtige Fährte, ohne die Antworten vorzusagen. Stockt es, weil es einen Fehler gemacht hat? Dann weisen Sie es darauf hin. Regen Sie es an, zu überlegen, welche Methode passen würde. Probleme gehören zum Lernen dazu und sollten nicht als unüberwindbare Hindernisse, sondern Herausforderungen angesehen werden. Machen Sie Ihrem Kind klar, dass es normal ist, etwas nicht auf Anhieb zu können, und dass man manchmal ein wenig experimentieren muss. Helfen Sie ihm, strukturiert vorzugehen: »Welche Informationen hast du denn, die dir bei der Lösung helfen könnten?« Oder lassen Sie sich erklären, worin seiner Meinung nach das Problem besteht – meistens kommt es beim Darübersprechen selbst auf die Antwort.

Ist mangelndes Selbstvertrauen die Motivationsbremse? Dann müssen Sie Ihrem Kind immer wieder klarmachen, dass Sie an seine Fähigkeiten glauben und überzeugt sind, dass es das schaffen kann.

… sagt, dass es nur unter Druck gut lernt?

Dieser Glaube ist vor allem bei älteren Schülern recht verbreitet – und in Akademikerkreisen. Studenten kokettieren gern damit, wie sie sich nächtelang mit Kaffee aufgeputscht haben, nur um außer Atem in letzter Minute die Seminararbeit abzugeben. Pünktlichkeit, strukturiertes Arbeiten und Planung werden dann häufig als Kinkerlitzchen für Kleingeister abgetan, die wahre Genies nicht nötig haben. Eine solche Einstellung ist nicht hilfreich, das sollten Sie Ihrem Kind klarmachen. Auch sehr ehrgeizige und perfektionistische Kinder haben oft ein Problem mit der Aufschieberitis, weil sie den passenden Moment, die »perfekte Welle« abpassen wollen, um endlich anzufangen. Wenn man immer auf den Musenkuss wartet, werden die Ergebnisse jedoch nicht besser. Wer einen guten Plan hat, wie er sich die Arbeit einteilt, erlebt zwar vielleicht nicht den Adrenalinrausch, der während der Lern-Nachtschicht einsetzt, geht dafür aber mit dem guten Gefühl ins Bett, alles erledigt und abgehakt zu haben.

Ihre Argumentation könnte lauten: Man muss nicht immer »in Stimmung« sein, um zu lernen, und auch nicht immer 100 Prozent dazu bereit sein. »Okay« ist oft auch gut genug. Erklären Sie Ihrem Kind, dass Sie gar nicht immer Topleistungen von ihm erwarten.

… ein Fach nicht mag, weil es den Lehrer doof findet?
Wenn ein neuer Lehrer übernimmt, geht bei vielen Kindern oft ein früher problemloses Fach in den Sinkflug der Beliebtheit und sie haben keine Lust mehr, sich »für den« anzustrengen. Sprechen Sie mit Ihrem Kind über seine Haltung. Erklären Sie ihm, dass es nicht für einen Lehrer/für die Schule lernt, sondern nur für sich selbst, und sich von den Umständen den Spaß nicht verleiden lassen sollte, vor allem, wenn es das Fach an sich gern mag. Stimmt in einem per se bereits unbeliebten Fach auch noch die Chemie mit dem Lehrer nicht, wird es schwierig. Versuchen Sie, Anknüpfungspunkte für den Lernstoff im Alltag zu finden und quasi einen eigenen Lehrplan durchzuziehen. Vereinbaren Sie mit Ihrem Kind, dass es dem »Neuen« und seinen Methoden erst einmal eine Chance gibt, bevor es alles rundheraus ablehnt. Überlegen Sie gemeinsam, was Ihr Kind davon haben könnte, sich trotzdem anzustrengen (etwa im nächsten Auslandsurlaub mit neuen Freunden Englisch sprechen, die Zinsen auf dem Taschengeldkonto ausrechnen zu können oder einfach in einem Bereich mehr zu wissen). Vielleicht gibt es auch bestimmte Tätigkeiten innerhalb des Faches, die ihm trotz allem gefallen. Erklären Sie ihm, dass Sie nichts daran ändern können, dass es diesen Lehrer hat. Lassen Sie Ihr Kind Vorschläge machen, wie es im Unterricht möglichst gut mitmachen kann (oder auch einfach nur durchhalten, wenn es nicht anders geht), ohne

mit dem Lehrer aneinanderzugeraten. So übertragen Sie ihm die Verantwortung für die Situation.

Treten ernsthafte Konflikte zwischen Ihrem Kind und dem Lehrer auf, sollten Sie das Gespräch suchen – am besten zu dritt. Machen Sie Ihrem Kind klar, dass Sie sich nicht mit dem Lehrer verbünden wollen, sondern letzten Endes immer auf Seiten Ihres Kindes stehen.

MOTIVATION – TAG FÜR TAG

»Deine ganze Macht steckt in deinem Kopf. Hol sie raus. Es ist ganz einfach.«
Ignacio López de Arriortúa,
spanischer Topmanager

Wenn es gilt, der Schaffenskraft einen Schub zu geben, sind es manchmal Kleinigkeiten, einzelne Formulierungen, die viel bewegen können. Darum erhalten Sie in diesem Kapitel Anregungen, was sich im alltäglichen Umgang mit Kindern aller Altersgruppen positiv auf die Motivation auswirkt, wie Sie Ihrem Kind in kritischen Situationen am besten zur Seite stehen, aber auch Strategien, die Ihr Kind selbstständig anwenden kann, um Hürden zu überwinden.

Turbo für die Neugier

- Machen Sie es sich zur Gewohnheit, jedes Wochenende mit Ihrem Kind etwas zu entdecken, das es noch nicht kennt, sei es ein unbekannter Stadtteil, wie man ein Regal an der Wand anbringt oder eine Tour zum Flughafen.
- Besuchen Sie gemeinsam Ausstellungen, Museen, Tierparks, Science Center oder den Zirkus.
- Sorgen Sie dafür, dass Ihr Kind einen Ausweis der Stadtbibliothek erhält, damit es sich regelmäßig mit Lesestoff versorgen kann.
- Erkunden Sie gemeinsam die Nachbarschaft, Ihre Stadt oder Region.
- Öffnen Sie Ihrem Kind die Augen für seine Umwelt. Auch eine Fahrt auf den Wertstoffhof oder zum Erdbeerpflücken kann inspirierend sein.

- Lassen Sie Ihr Kind experimentieren – mit Matsch, Mehl oder Murmeln. Auf diese Weise eignen sich Grundschulkinder spielerisch ihre Welt an.
- Empfehlen Sie Ihrem Kind, sich Verbündete zu suchen: Stellen Sie Ihr Wohnzimmer gelegentlich für Lernsessions mit Schulkameraden zur Verfügung. Ein Lernteam mit Gleichaltrigen kann neuen Spaß am Lernen wecken – sofern sich alle einig sind, dass sie diszipliniert zusammen etwas erreichen wollen.
- Werfen Sie ausrangierte Kleidung nicht weg, sie ist ein großartiger Fundus für Verkleidungsspiele und improvisierte Theaterstücke und erlaubt es Ihrem Kind, in fremde Rollen zu schlüpfen.
- Unternehmen Sie eine Fahrradtour zu einem Ziel, das Ihr Kind aussucht und zu dem es Informationen recherchiert.
- Lesen Sie vor: Die Liebe zu Büchern ist eine der besten Voraussetzungen für gute Noten, denn Lesekompetenz ist die Nummer-1-Fähigkeit, die Kinder in der Schule benötigen.
- Der Schulerfolg steigt proportional mit der Zahl der Bücher, die ein Kind zu Hause vorfindet. Wörterbücher, Lexika, Zeitschriften und Zeitungen sollten ebenso zur Ausstattung gehören wie Kinderbücher, aber auch Romane, in denen es neugierig blättern darf. In einer kuscheligen Leseecke kann es sie verschlingen, durchblättern oder ansehen. Lesefaule Jungen kann man häufig mit Comics (etwa Klassiker wie ›Asterix‹, ›Lucky Luke‹, aber auch moderne Mangas) für die Welt der Buchstaben begeistern.
- Diskutieren Sie über aktuelles Geschehen und Bücher und pflegen Sie eine Fragekultur in Ihrer Familie. Es gibt keine dummen Fragen, über alles darf geredet werden – und auch Eltern haben nicht auf alles eine Antwort.
- Lassen Sie sich beim Arbeiten in der Küche oder im Haushalt über die Schulter sehen und helfen, auch wenn dabei

erst mal etwas Chaos entsteht oder Sie noch einmal selbst hinterherwischen müssen, wenn Junior »geputzt« hat.

- Kochen Sie gemeinsam ein ungewöhnliches Essen mit exotischen Zutaten. Stellen Sie vielleicht einmal einen ganzen Abend unter das Motto des Essens, etwa »Asien«, »Mexiko« oder »Italien«, mit entsprechender Dekoration und Musik.
- Besorgen Sie Bastel- und Malutensilien, um gemeinsam Weihnachts- oder Osterschmuck herzustellen, ein Vogelhäuschen zu bauen, eine Küchenrolle in einen Elefantenrüssel zu verwandeln, Kerzen zu ziehen, oder, oder, oder …
- Ermöglichen Sie es Ihrem Kind, das in der Schule Gelernte zu Hause anzuwenden. Das fördert das tiefere Verständnis und fügt neue Facetten hinzu. Möglichkeiten gibt es genug:
  - Für den Sachunterricht sammeln Sie mit Ihrem Kind Blätter im Garten oder Park, die Sie pressen.
  - Maßeinheiten werden verständlich und »greifbar«, wenn Ihr Kind beim Kochen die Zutaten abwiegen darf.
  - Matheformeln erhalten einen Sinn, wenn man damit Handytarife vergleicht.
  - Erkundigen Sie sich in der Bücherei, ob es einen Film zum aktuellen Schulstoff gibt oder ein Computerspiel.
- Lassen Sie den Fernseher öfter mal ausgeschaltet.

Clevere Stresskiller

Wenn einem alles über den Kopf wächst, schwindet schnell die Leistungsbereitschaft. Dann ist es sinnvoll, effektive »Stresskiller« zur Hand zu haben, mit denen man kritische Situationen in den Griff bekommt.

- Erklären Sie Ihrem Kind, dass es nicht machtlos seinen Gefühlen ausgeliefert ist. Helfen Sie ihm, sich von Gefühlen wie Stress oder Überforderung nicht überwältigen zu lassen. Geben Sie ihm geeignete Strategien an die Hand, um das Problem zu definieren, nach Lösungen zu fahnden und diese schließlich auszuprobieren und zu bewerten. Dafür ist es hilfreich, zwischen solchen Stressoren unterscheiden zu können, die kontrollierbar sind (wie Hausaufgaben), und solchen, die man nicht beeinflussen kann (wie etwa ein unsympathischer Lehrer), und das zu akzeptieren, was unabänderlich ist.

- Die Psychologen Hampel und Petermann sprechen in ihrem Buch ›Anti-Stress-Training für Kinder‹ von der »Happy-Hippo-Laune«, wenn man den Stress in den Griff bekommen hat und sich wieder wohlfühlt. Diese Sätze empfehlen Sie, um aus der Anspannung herauszukommen und die positive Stimmung herzustellen:
  – »Alles halb so schlimm!«
  – »Ich denke an etwas anderes!«
  – »Ich entspanne mich erst mal!«
  – »Erst einmal einen Plan machen!«
  – »Ich muss mich erst mal in den Griff kriegen!«
  – »Ich mache mir Mut!«
  – »Ich bitte jemanden um Hilfe!«
  – »Ich habe doch keinen Stress!«
  – »Nach einer Pause geht alles besser!«
- Unter Stress neigt man dazu, kurzatmig zu werden. Dadurch bekommt das Gehirn weniger Sauerstoff. Als Gegenmaßnahme bietet sich folgende Atemübung an, zu der Sie Ihr Kind erst anleiten können, und die es dann selbstständig durchführen kann, um sich zu beruhigen:
  »Lass deine Muskeln locker, entspann dich.
  Konzentriere dich auf deinen Atem.
  Beobachte, wie die Luft in deinen Körper hinein- und wieder herausströmt.
  Jetzt hol ganz tief Luft, bis deine Lungen voll wie ein Luftballon sind. Halte kurz die Luft an.
  Jetzt lässt du die Luft aus dem Ballon wieder entweichen.

Beobachte, wie dein Atem ganz regelmäßig geht: Ein und Aus.
Ein und Aus – konzentriere dich nur noch auf diese Worte, während du in deinem Rhythmus atmest: Ein und Aus.«
Wichtig: Sprechen Sie langsam und lassen Sie Ihrem Kind die Zeit, sein eigenes Tempo zu finden.

- Bringen Sie Ihrem Kind bei, wie es rechtzeitig erkennt, wann es eine Pause braucht.
- »Darüber reden« tut gut. Eine neue Studie der UCLA (University of California, Los Angeles) zeigt, dass sich durch das Artikulieren unangenehmer Gefühle die Aktivität in der Amygdala reduziert, jenem Bereich des Gehirns, der für Gefühle zuständig ist und Ängste speichert. Regen Sie Ihr Kind also immer wieder an, Ärger, Frust oder Ängste in Worte zu fassen und zu beschreiben. Dadurch werden die Gefühle greifbarer und leichter zu bewältigen.
- Aus der Verhaltenstherapie stammt die Strategie des »Gedankenstopps«, bei der man sich ein vorher festgelegtes angenehmes Bild ins Gedächtnis ruft, sobald man merkt, dass die Gedanken fortwährend um negative Erlebnisse kreisen. Ihr Kind kann sich auch ein Stoppschild vorstellen oder laut »Stopp!« sagen, wenn es sich überwältigt fühlt und aus dem Grübelkarussell ausbrechen möchte.
- Probleme entdramatisieren: Überlegen Sie gemeinsam, wie gravierend das aktuelle Ärgernis tatsächlich ist. Was passiert im schlimmsten Fall, wenn alles schiefgeht? Malen Sie ein Worst-Case-Szenario aus. Kann man vielleicht sogar darüber lachen, wenn man es ganz lächerlich darstellt und übertreibt?
- Entspannungsübungen, Fantasiereisen, autogenes Training, progressive Muskelentspannung oder Yoga sind Techniken, die Ihr Kind erlernen kann, um dem Stress

langfristig Paroli bieten zu können. Auch Sport schafft Ausgleich, solange das Training nicht selbst in Stress ausartet, sondern einfach nur Spaß macht und Gelegenheit zum Abschalten bietet.

Pausen mit Power

Etwa ein Fünftel der Lernzeit sollte für Pausen reserviert sein, so Experten. Abschalten ist wichtig, um den Spaß nicht zu verlieren, den (Lern-)Akku wieder aufzufüllen und fit zu bleiben. Etwa alle 20 Minuten sollte Ihr Kind (je nach Alter und Konzentrationsfähigkeit auch etwas länger) eine Mini-Pause von etwa fünf Minuten einlegen. Nach zwei bis drei solcher kurzen Unterbrechungen ist eine Auszeit von etwa 20 Minuten fällig, nach spätestens drei Stunden mindestens eine ein bis anderthalb Stunden lange echte Erholungspause. Lange Lernsessions sollten aber ohnehin die Ausnahme bleiben, da sie für das Behalten nicht sinnvoll sind – nach einer gewissen Zeit setzt Überforderung ein und es bleibt von dem reingezwängten Stoff nichts mehr hängen. Also besser kürzer, dafür regelmäßig üben.

Tipps für Mini-Pausen
Auch kurze Pausen können viel bewirken, wenn man sie richtig nutzt. So senken Kinder ihren Stresspegel:

- Bewegung wie Trampolinspringen, um den Block rennen, Seilspringen etc. bringt den Kreislauf in Schwung und versorgt das Gehirn mit mehr Sauerstoff – optimaler Energieschub für die nächste Lerneinheit.
- Etwas Wasser oder Tee trinken, frisches Obst essen oder »Nervennahrung« wie Nüsse, Studentenfutter.
- Das Fenster öffnen und frische Luft ins Zimmer lassen.
- Kräftig dehnen und strecken.

Bei den folgenden Übungen können Eltern ihr Kind zunächst anleiten, bis es die Übungen selbst beherrscht und eigenständig anwenden kann. Hier sind die wörtlichen Anweisungen:

- Im Sitzen: Setz dich und nutze die Sitzfläche ganz aus, lehn dich mit dem Rücken an die Stuhllehne. Mit den Füßen stehst du auf dem Boden. Jetzt mach dich richtig schwer, als würdest du dein ganzes Gewicht und alle Sorgen an den Stuhl abgeben. Atme tief ein und aus und spüre nach, wie sich das anfühlt.
- Um die Halsmuskulatur zu lockern: Senke langsam den Kopf nach vorn, als würdest du nicken, und verharre einen Augenblick mit dem Kinn auf der Brust.
  Merkst du, wie das im oberen Rücken zieht? Jetzt langsam wieder den Kopf heben, dann lässt die Spannung nach.
- Richte die Aufmerksamkeit auf deinen Atem: Zähle die Sekunden, die du für jedes Ein- und Ausatmen brauchst. (Der Atem wird automatisch ruhiger und regelmäßiger, die Gedanken sammeln sich.)
- Geh barfuß oder auf Strümpfen langsam durch den Raum. Richte die Aufmerksamkeit auf das, was du mit den Füßen spürst: Wie fühlt sich der Untergrund an? Ist der Boden weich oder hart, glatt oder rau? Setze beim Auftreten bewusst zuerst die Ferse auf und rolle über die Fußspitze ab. Eine Weile weitergehen, dann umgekehrt: Zuerst die Fußspitze aufsetzen und zur Ferse hin abrollen, auch wenn es ungewohnt ist. Auch im Rückwärtsgehen beide Abrollarten ausprobieren.
- Stelle dich aufrecht hin. Hebe die Arme waagerecht seitlich hoch, die Hände aufgestellt. Jetzt drückst du die Schulterblätter zusammen, während die Hände gleichzeitig nach außen pressen. Halte die Anspannung für etwa 10 Sekunden, dann lockern und die Entspannung der Muskeln fühlen.

- Blitz-Stresslöser aus der Kinesiologie: Fasse mit den Fingern an deine Ohrläppchen und rolle sie langsam zwischen den Fingern, knete dich langsam am äußeren Rand des Ohrs hoch und wieder zurück. (Das Ohrenkneten soll die Konzentration fördern, wach und aufnahmefähig machen.)
- Atempause: Atme so lange aus, wie du kannst. Dann nicht wieder einatmen, sondern warte darauf, dass der Atemreflex des Körpers einsetzt und beobachte, wie der Körper für einen kurzen Augenblick gar nichts tut, nimm die Pause zwischen Ein- und Ausatmen wahr.

Tipps für die 20-Minuten-Auszeit:

- In Ruhe einen Tee, Kakao oder Saft trinken.
- Einen netten Plausch halten, der nichts mit den Hausaufgaben zu tun hat, über etwas Angenehmes sprechen.
- Fenster auf, Luft rein! Das Gehirn benötigt Sauerstoff, um gut arbeiten zu können.
- Eine Entspannungsübung aus dem autogenen Training oder der progressiven Muskelentspannung durchführen. Diese Entspannungstechniken muss man allerdings erst erlernen, bevor man sie regelmäßig kurzfristig einsetzen kann. Buchtipps dazu stehen im Anhang.
- Mit der Katze spielen oder mit dem Hund um den Block gehen.

Tipps für die lange Erholungspause:

- Wenn wir entspannt sind, schwingt unser Gehirn auf der Frequenz so genannter Alphawellen. Wir schlafen dann nicht, sind aber angenehm ruhig und ausgeglichen, haben »den Kopf frei«. Damit erreichen wir auch Entspannungsreaktionen im autonomen Nervensystem des Körpers, das sich willentlich nicht beeinflussen lässt. Bestimmte Musikstücke können, wie Wissenschaftler herausgefunden haben, diesen Alphazustand herbeiführen. In Tests zeigte sich beispielsweise bei folgenden Kompositionen die meditative Wirkung:

- Johann Sebastian Bach: Aria zu den Goldberg-Variationen; Largo aus dem Konzert für Cembalo solo in F-Dur.
- Georg Friedrich Händel: Alle langsamen Sätze aus dem Concerto grosso op. 6, Nr. 1–12; Largo aus dem Konzert für Viola, Streicher und Basso continuo in G-Dur.
- Antonio Vivaldi: Largo aus dem »Winter«, Die Vier Jahreszeiten; Flautinokonzert in e-Moll, op. 44, Largo.

- Nach dem Lernen sollte Ihr Kind möglichst nicht fernsehen, da die starken medialen Reize das Gelernte aus dem Arbeitsspeicher des Gehirns verdrängen und so die längerfristige Speicherung erschweren.
- Ein Nickerchen machen. Studien zeigen, dass Schlaf die Lernleistung fördert. »Lernen im Schlaf« ist also doch in gewisser Weise möglich.
- Seilspringen, Radfahren oder sonstige Bewegung hilft abzuschalten. Spielen und Toben sind auch super.
- Mit Freunden treffen, den Hund ausführen etc.

Die Bremse im Kopf überlisten

Versuchen Sie herauszubekommen, welche negativen Gedankenmuster Ihr Kind prägen und seine Motivation stören. Übung für 8- bis 12-Jährige: Lassen Sie Ihr Kind aufschreiben, welche störenden Gedanken ihm beim Lernen oder während einer Klassenarbeit durch den Kopf gehen. Vielleicht sind es einige der folgenden Glaubenssätze? Dann suchen Sie gemeinsam nach positiven Neuformulierungen (Beispiele in der rechten Spalte), damit Ihr Kind seinen inneren Kritiker in einen Kumpel verwandeln kann:

Das sagt der Kritiker:	Das sagt der Kumpel:
Das ist viel zu viel, wie soll ich das schaffen?	Ich erstelle einen Plan und gehe Schritt für Schritt vor.
Ich kann das nicht.	Ich vertraue auf meine Fähigkeiten. Das werde ich bewältigen!
Das klappt doch sowieso nicht.	Ich habe schon so vieles gemeistert, das bekomme ich auch hin.
Wenn ich ein Problem nicht sofort verstehe, werde ich nervös.	Das ist eine Herausforderung, die mich reizt und die ich bestehen werde!
Ich habe Angst, Fehler zu machen.	Fehler sind nicht schlimm. Durch Fehler lerne ich dazu.
Ich weiß nicht, wie ich anfangen soll.	Ich überlege erst mal, was ich tun kann. Ich sehe mir das Problem genauer an und probiere herum.
Ich bin zu blöd dafür, ich kapiere das nicht.	Ich lasse mich nicht abschrecken. Ich werde dieses Problem lösen. Wenn ich nicht weiter weiß, bitte ich um Hilfe.
Für Mathe habe ich kein Talent.	Je mehr ich übe, desto besser werde ich.
Ich kann mich überhaupt nicht konzentrieren.	Ich entspanne mich erst mal. Nach einer Pause läuft es besser!
Ich habe keine Lust mehr.	Ich lasse nicht locker, bis ich am Ziel bin. Ich probiere es noch 15 Minuten, dann mache ich Pause.
Ich bin ein Versager.	Diesmal ist es mir nicht so gut gelungen, ich probiere es noch einmal.

Zauberformeln, die ziehen

Im Buddhismus dienen heilige Formeln, so genannte Mantras, dazu, durch ihre ständige Wiederholung den Weg zur Erleuchtung zu finden. Moderne Motivationstrainer haben diese Leitsprüche als wertvolles Werkzeug entdeckt, um aus der inneren Negativspirale herauszukommen. Regen Sie Ihr Kind an, sich eine oder mehrere positive Parolen auszusuchen und ganz bewusst immer wieder in Gedanken oder laut vorzusagen, um den inneren Schweinehund im Zaum zu halten. Hilfreich ist es auch, einen oder mehrere Leitsprüche auf ein Poster zu schreiben, das man an einer gut sichtbaren Stelle im Zimmer befestigt, um es immer wieder zu lesen und zu verinnerlichen.

- Nicht lang warten, einfach starten.
- Ich will das, ich schaff das!
- Kleine Schritte führen auf den großen Berg.
- Probleme kann ich aus eigener Kraft meistern.
- Gut gedacht ist halb gemacht.
- Ohne Fleiß kein Preis.
- An Hindernissen kann ich wachsen.
- Probleme sind dazu da, gelöst zu werden.
- Carpe Diem! (Lateinisch für: Nutze den Tag!)

Vielleicht fallen Ihrem Kind auch eigene Sätze ein, mit denen es sich selbst anspornen und sich Mut machen kann? Die wirken meist am besten. Sie können auch jeweils ein »Motto der Woche« oder des Monats kreieren, das Ihr Kind erfindet und auf einen Zettel schreibt, der über dem Schreibtisch befestigt wird.

Feedback, das ansporнt

Ein Sprichwort sagt: »In jedem Menschen steckt ein König. Sprich zu dem König, und er wird herauskommen.«

Hier sind ein paar Sätze, mit dem Sie den König in Ihrem Kind erreichen.

Das können Sie sagen, um Ihr Kind zum Durchhalten zu ermuntern:

- »Du bist doch schon fast fertig. Dieses Bisschen erledigst du auch noch!«
- »Ich bin mir sicher, du schaffst das!«
- »Ich weiß, dass du dein Bestes geben wirst! Ich kenne dich doch!«
- »Woran liegt es, dass du nicht weiterkommst? Gibt es etwas, das du nicht verstanden hast? Wollen wir uns die Aufgaben gemeinsam ansehen?«
- »Die Aufgaben sehen ziemlich langweilig aus, du hast mein Mitgefühl. Vielleicht kannst du dir etwas ausdenken, was die Sache interessanter machen würde?«
- »Warum überlegen wir uns nicht gemeinsam, wie die Arbeit leichter und abwechslungsreicher wird?«
- »Wetten, du schaffst es, durch diese ganze Aufgabe hindurch dranzubleiben?«

Das können Sie sagen, wenn Sie seine Lernfortschritte würdigen wollen:

- »Weißt du noch, wie schwer dir diese Aufgabe beim ersten Mal fiel? Dank deiner Übung und Disziplin bewältigst du sie jetzt viel müheloser!«
- »Ich finde es toll, dass du jetzt Vokabeln mit dem Karteikasten lernst.«
- »Du beherrschst heute schon viel mehr Vokabeln als gestern.«

Das können Sie sagen, wenn Sie es für die Lösung einer schwierigen Aufgabe loben wollen:

- »Das war ganz schön kompliziert und umfangreich – wie hast du es geschafft, dich so lange zu konzentrieren?«
- »Das war ziemlich schwer. Welche Methode hast du eingesetzt, um die Aufgabe zu lösen?«
- »Zeig mir doch mal, wie du das gemacht hast!«
- »Da hast du dir viel Mühe gegeben, toll!«

Das können Sie sagen, wenn Sie eine gute Note anerkennen wollen:

- »Deine Vorbereitung war optimal, versuche, es beim nächsten Mal wieder genauso zu machen.«
- »Da hast du dich aber wirklich angestrengt, toll!«
- »Wenn du dir weiterhin so viel Mühe gibst, werden deine Leistungen noch weit besser.«
- »Ich finde, du hast gute und hilfreiche Quellen für dein Referat ausgewählt.«
- »Ich finde es super, dass du dir die Zeit für die Vorbereitung so gut eingeteilt hast.«
- »Das war eine gute Idee von dir, mit deinen Klassenkameraden zu lernen. Die Mühe hat sich ausgezahlt.«
- »Es gefällt mir, dass du dir diesmal am Ende der Klassenarbeit noch einmal die Zeit genommen hast, alles durchzulesen und deine eigenen Fehler zu korrigieren.«
- »Du hast bestimmt im Unterricht gut mitgearbeitet.«

Und denken Sie daran: Sagen Sie Ihrem Kind nicht: »Du bist so intelligent/talentiert/ein kleines Genie!« Damit torpedieren Sie seine Lernlust und fördern ein statisches Selbstbild! Betonen Sie stattdessen seinen Einsatz, seine Mühe und die Strategien, die es angewendet hat.

Das können Sie sagen, um eine schlechte Note zu kommentieren:

- »Weißt du, woran es gelegen hat? Sollen wir gemeinsam überlegen, wie du es beim nächsten Mal besser machen kannst?«
- »Das kannst du aber bestimmt besser. Du hast dich wahrscheinlich nicht genügend angestrengt.«
- »Ich finde, dass du hinter deinen Möglichkeiten zurückbleibst.«
- »Vielleicht solltest du das nächste Mal im Unterricht aufmerksamer sein/früher mit der Vorbereitung anfangen/andere Lernstrategien einsetzen.«
- »Du bist kein dummes Kind, wenn du eine Vier hast – du hast dich nur zu wenig angestrengt.«

Das können Sie sagen, wenn eine Note trotz guter Vorbereitung nicht optimal ist:

- »Ich finde es toll, dass du dich so angestrengt hast. Das zählt viel mehr als die Note.«
- »Du bist auf dem richtigen Weg. Das nächste Mal wird es bestimmt besser, wenn du dich weiterhin so bemühst.«
- »Ich kann mir gut denken, wie du dich fühlst. Es ist enttäuschend, wenn man so viel Einsatz zeigt und trotzdem nicht das Gewünschte dabei herauskommt. Aber wenn du mit der gleichen Power weitermachst, bekommst du mit der Zeit auch bessere Noten.«

Das sollten Sie öfter sagen:

- »Ich mag dich genau so, wie du bist!«
- »Ich liebe dich, ganz egal, was du machst und tust oder wie deine Noten sind!«
- »Du bist ein großartiges Kind, und es ist toll zu sehen, wie du dich jeden Tag weiterentwickelst.«

Der spanische Cellist Pablo Casals formulierte es so: »Jedem dieser Kinder sollte man sagen: Weißt du auch, was du bist? Du bist ein Wunder! Du bist einmalig! Auf der ganzen Welt gibt es kein zweites Kind, das genauso ist wie du!«

Literatur und Trainingsprogramme (Auswahl)

Erziehung

Joachim Bauer: Lob der Schule. Sieben Perspektiven für Schüler, Lehrer und Eltern. Hoffmann und Campe 2007.
Medizinprofessor und Psychotherapeut Bauer zeigt Auswege aus der Bildungsmisere auf. Sein Credo: Gelingende Beziehungen zu Kindern und Jugendlichen sind das A und O jeglicher Motivation.

Wolfgang Bergmann: Nur Eltern können wirklich helfen. Lernprobleme, Ängste, Konzentrationsschwächen. Mit Lernübungen. Walter 2002.
Kinderpsychologe Bergmann ist gefragter Experte zum Thema »Kindheit und Medien«. In seiner Praxis in Hannover behandelt er vor allem Kinder mit Lernstörungen.

Wolfgang Bergmann, Gerald Hüther: Computersüchtig. Kinder im Sog der modernen Medien. Walter 2007.
600 000 spielsüchtige Kinder und Jugendliche in Deutschland – Kinderpsychologe Bergmann und Hirnforscher Hüther beschreiben Ursachen und Auswirkungen der Zeitkrankheit.

Frank Beuster: Die Jungenkatastrophe. Das überforderte Geschlecht. Rowohlt 2006.
Der Hamburger Lehrer, selbst Vater von zwei Söhnen, schildert anschaulich die Probleme, die Jungen heute in der Schule haben, und wie sie besser gefördert werden können.

Ingrid Buschmann: Der geniale Faulpelz. Warum Kinder lernen – manche aber nicht. Ueberreuter 2007.
Wie Eltern mit begabten Kindern, die unter Schulunlust leiden, umgehen und ihnen wieder Spaß am Lernen vermitteln können.

Carol Dweck: Selbstbild. Wie unser Denken Erfolge oder Niederlagen bewirkt. Campus 2007.
US-Psychologin Dweck zeigt durch ihre Forschungen: ein flexi-

bles Selbstbild ist der Schlüssel zum Erfolg. Wer daran glaubt, dass er seine Fähigkeiten ständig erweitern kann, erzielt bessere Ergebnisse, sei es in der Schule oder im Leben. Mit Ratschlägen, wie Eltern ihren Kindern ein flexibles Selbstbild vermitteln können.

Karl Gebauer: Klug wird niemand von allein. Kinder fördern durch Liebe. Patmos 2007.
Eine anregende, liebevolle Atmosphäre in der Familie ist die wichtigste Basis für den Lernerfolg, das macht Pädagoge Gebauer klar.

Cornelia Nitsch: Was Kinder schlau macht. Droemer/Knaur 2007.
Wie Eltern ihr Grundschulkind spielerisch fördern, seine Stärken entdecken und weiterentwickeln. Hilfreicher Ratgeber.

Silke Pfersdorf: Erziehungsfalle Angst. Diana 2006.
›Brigitte‹-Autorin Pfersdorf geht den Folgen der Überbehütung von Kindern auf den Grund und weist konkrete Wege aus der »Erziehungsfalle Angst«, etwa indem sie gängige Elternsorgen entkräftet.

Lernen

Wolfgang Endres: 111 starke Lerntipps. Pfiffige Ideen für den Lernerfolg. Beltz Lern-Trainer 2004.
Kurze, leicht verständliche Tipps zu Lernstrategien, Motivation, Zeiteinteilung, Vorbereitung auf Klassenarbeiten etc. Für Schüler der Klassen fünf bis zehn.

Wolfgang Endres: Mehr Erfolg beim Lernen. 7 Tritte in den Hintern der Faulheit. 9–13 Jahre. Beltz Lern-Trainer 2003.
Locker geschriebener Lernratgeber, der sich direkt an Schüler richtet, gut erklärt.

Wolfgang Endres, Elisabeth Bernard: So ist Lernen klasse. Der beste Lernweg für mein Kind. Kösel 2004.
Hilft Eltern, den Lerntyp ihres Kindes zu ermitteln und die dazu passenden Lernstrategien zu finden.

Dirk Konnertz, Christiane Sauer: Lernspaß – fit in 30 Minuten. Gabal 2000.
Lässig geschriebener Ratgeber, den Schüler schnell durchlesen können, um einen ersten Überblick darüber zu bekommen, wie Lernen am besten funktioniert.

Monika Rammert, Elke Wild: Hausaufgaben ohne Stress. Informationen und Tipps für Eltern. Herder 2007.

Erklärt fundiert und nachvollziehbar, wie Eltern zu Hause eine positive Lernatmosphäre schaffen, ihr Kind bei den Hausaufgaben unterstützen und seine Motivation fördern können.

Uta Reimann-Höhn: Lernen – mit Spaß und ohne Stress. Die wichtigsten Techniken und Tricks für Kinder. Herder 2003.

Mit den richtigen Lernstrategien üben Kinder leichter und effektiver. Dieses Buch erklärt anschaulich die wichtigsten Methoden.

Wiltrud Richter, Rainer Pieritz: Klassenarbeiten? Das schaff ich schon! Ein Trainingsprogramm zum Abbau von Stress und Nervosität. Beltz 2005.

Audio-CD, mit der Schüler Methoden und Strategien an die Hand bekommen, wie sie mit Prüfungsangst besser klarkommen, damit der gefürchtete Blackout in der Klassenarbeit kein Thema mehr ist.

Manfred Spitzer: Lernen. Gehirnforschung und die Schule des Lebens. Spektrum Akademischer Verlag 2006.

Mediziner Spitzer erklärt leicht verständlich und unterhaltsam, welche Erkenntnisse die Hirnforschung über Lernen und Lernprozesse in den letzten Jahren gewonnen hat. Sehr sinnvoll als Hintergrundwissen für Eltern.

Motivation

Wolfgang Endres: Keine Lust zum Lernen? Motivation von A wie Anfangen bis Z wie Ziel. Schülerarbeitsheft für die Klassen 4 bis 10. Beltz 2004.

Spielerische Anregungen zur Motivationsförderung, die sich direkt an Schüler richten.

Gustav Keller: Ich will nicht lernen! Motivationsförderung in Elternhaus und Schule. Huber 2003.

Etwas altmodisch anmutender, aber sehr fundierter Elternratgeber.

Gustav Keller, Annette Binder, Rolf-Dietmar Thiel: Sich besser motivieren – erfolgreicher lernen. Lern- und Arbeitsverhaltenstraining. Hogrefe 1997.

Trainingsprogramm mit Übungen für Jugendliche ab 14.

Reinhold Miller: Bock auf Schule. Beltz 2004.

Schülerarbeitsheft zur Motivationsförderung.

Hans-Werner Rückert: Schluss mit dem ewigen Aufschieben. Wie Sie umsetzen, was Sie sich vornehmen. Campus 2006.

Eigentlich eher für Studenten gedacht, enthält aber einige interessante Hinweise und psychologische Erklärungen für das Phänomen der »Aufschieberitis«.

Reinhard K. Sprenger, Christiane Sauer: Motivation – fit in 30 Minuten. Gabal 2001.

Locker und kurzweilig formulierter Ratgeber, der sich direkt an Kinder/Jugendliche richtet und animiert, die eigene Motivation zu stärken.

Stressbewältigung

Marita Hennig: Autogenes Training für Kinder. Droemer/Knaur 2003.

Erklärt die Entspannungsmethode des autogenen Trainings und bietet die Möglichkeit, die Übungen gleich auszuprobieren und einzuüben. Mit Audio-CD.

Marita Hennig: Entspannung für mein Kind. Kraft und Ruhe gewinnen, Konzentration fördern. Droemer/Knaur 2005.

Stellt verschiedene Entspannungstechniken und -methoden vor, wie Yoga, autogenes Training oder Fantasiereisen. Auf der beiliegenden Audio-CD kann man sich passende Übungen anhören.

Barbara Hipp: Stressbewältigung – fit in 30 Minuten. Gabal 2001.

Kleines Büchlein, das sich direkt an Kinder/Jugendliche richtet und ihnen in lockerer Sprache erklärt, wie sie Stress im Alltag besser erkennen und abbauen können.

Birgit Jackel: Ausgeglichen und entspannt. Stress bei Kindern erkennen und abbauen. Kösel 2004.

Stellt Entspannungstechniken speziell für Kinder vor. Ein Schwerpunkt liegt in der progressiven Muskelentspannung, die Eltern mit den im Buch enthaltenen Geschichten mit ihren Kindern einüben können.

Johannes Klein-Heßling, Arnold Lohaus: Bleib locker. Entspannungs-CD. Hogrefe 2003.

Aufbauend auf psychologischen Erkenntnissen, richtet sich die CD direkt an Kinder und erklärt ihnen, wie sie mit Stress im Alltag besser klarkommen.

Dirk Konnertz, Christiane Sauer: Entspannen – fit in 30 Minuten. Gabal 2002.

Kleines Büchlein, das sich direkt an Kinder/Jugendliche richtet und ihnen in lockerer Sprache erklärt, mit welchen Methoden sie relaxen können.

Dieter Krowatschek, Holger Domsch: Stressfrei in die Schule. Ängste überwinden. Walter 2006.

Schul- und Prüfungsangst verleiden vielen Kindern Schule und Lernen. Der Ratgeber für Eltern und Lehrer nennt Strategien, um diese Ängste zu bewältigen. Mit Übungen.

Ulrike Petermann: Die Kapitän-Nemo-Geschichten. Geschichten gegen Angst und Stress. Herder 2001.

Eine Sammlung von Fantasiereisen, die Eltern ihren Kindern vorlesen können, damit sie gelassener und entspannter werden und Stress abbauen können.

Rosemarie Portmann: Die 50 besten Entspannungsspiele. Don Bosco 2005.

Leicht und ohne großen Aufwand umsetzbare Ideen, um Pausen sinnvoll zur Erholung zu nutzen.

Sabine Seyffert: Meine Insel der Stille. Entspannungsgeschichten für Zappelkinder. Arena 2001.

Die Vorlesegeschichten der Entspannungspädagogin Seyffert bieten Eltern eine einfache und leicht anwendbare Möglichkeit, ihrem Kind Pausen zum Innehalten und Zur-Ruhe-Kommen zu ermöglichen, ohne eine spezielle Entspannungstechnik erlernen zu müssen. Auch als Audio-CD erhältlich.

Legasthenie und andere Lernstörungen

Manfed Döpfner, Gerd Lehmkuhl, Stefanie Schürmann: Wackelpeter & Trotzkopf. Beltz 2006.

Umfassender und fundierter Elternratgeber zum Thema ADHS mit einer Schritt-für-Schritt-Anleitung für Eltern, worauf sie im Umgang mit ihrem hyperaktiven Kind achten sollten.

Elke Emmerich, Andrea Lex-Kachel, Martina Oberhauser: Mit AD(H)S durch die Grundschule. Wie Sie Konzentration, Motivation und Organisation Ihres Kindes fördern. Knaur 2007.

Leitfaden für Eltern, um die ersten wichtigen Schuljahre mit einem AD(H)S-Kind gut zu bewältigen.

Rosemarie Farnkopf: ADS und Schule Tipps für Unterricht und Hausaufgaben. Beltz 2007.

Wie Eltern ADS-Kinder bei den Hausaufgaben richtig betreuen und anleiten, sowie didaktisch-pädagogische Ratschläge für Lehrer.

Mechthild Firnhaber: Legasthenie und andere Wahrnehmungsstörungen: Wie Eltern und Lehrer helfen können. Fischer 2005.

Erfahrungsbericht einer Mutter, die ihren von Legasthenie betroffenen Söhnen den Weg auf die Förderschule ersparte. Mit vielen Hinweisen, Ratschlägen und Tipps für Eltern.

Gerald Hüther, Helmut Bonney: Neues vom Zappelphilipp. ADS/ADHS verstehen, vorbeugen und behandeln. Walter 2002.

Hirnforscher Hüther und Kinderpsychiater Bonney legen einen Elternratgeber zu ADHS vor, der die gängige Praxis der Behandlung mit Ritalin kritisiert und andere Lösungsmöglichkeiten sucht.

Gerhard W. Lauth, Peter F. Schlottke, Kerstin Naumann: Rastlose Kinder, ratlose Eltern. Hilfen bei ADHS. dtv 2007.

Handbuch für Eltern, deren Kinder am Aufmerksamkeitsdefizit-Hyperaktivitäts-Syndrom ADHS leiden.

Angelika Schlotmann: Warum Kinder an Mathe scheitern. Wie man Rechenschwäche wirklich heilt. Supperverlag 2004.

Schlotmann stellt eine Methode vor, mit deren Hilfe sich an Rechenschwäche leidende Kinder mit Mengenverhältnissen leichter tun.

Gerd Schulte-Körne: Elternratgeber Legasthenie. Knaur 2004.

Standardwerk, das alle Einstiegsfragen rund um die Lernstörung Legasthenie beantwortet.

Margret Schwarz, Jeanette Stark-Städele: Elternratgeber Rechenschwäche. Droemer/Knaur 2005.

Wie Eltern Hinweise auf eine bei ihrem Kind vorliegende Rechenschwäche erkennen und welche Fördermöglichkeiten es gibt. Mit Übungen.

Kontaktadressen und Internetseiten

Erziehung

www.bke.de

Die Bundeskonferenz für Erziehungsberatung bietet eine Onlinesuche von Erziehungs- und Familienberatungsstellen deutschlandweit nach Postleitzahl, sowie Onlineberatung für Eltern und Jugendliche.

www.kampagne-erziehung.de

Auf der Seite des Nürnberger Jugendamtes finden Eltern Broschüren wie ›Rat und Hilfe in Erziehungsfragen‹ oder ›Acht Sachen, die

Erziehung stark machen‹ zum kostenlosen Download. Interessierte erfahren außerdem mehr zum Elterntraining im Raum Nürnberg.

www.familienhandbuch.de
Internetbasiertes Handbuch zu Themen der Kindererziehung, Partnerschaft und Familienbildung für Eltern, Erzieher, Lehrer, Wissenschaftler.

www.schulpsychologie.de
Verschiedene Bereiche für Eltern, Schüler, Lehrer und Schulpsychologen. Schüler finden hier z. B. Lerntipps zum Download, Eltern Informationstexte zu Themen wie Angst, Mobbing, Stottern oder Taschengeld.

www.ekp.de
Eltern-Kind-Programm e. V. bietet kostenloses Informationsmaterial, veranstaltet Seminare, Tagesaktionen, Freizeiten etc. Mitglieder sind zur Zeit etwa 480 Familien, hauptsächlich in Bayern. Die Familienseminare stehen unter dem Motto »Miteinander leben und erleben«.

www.ifze.de
Das Institut für Zusammenarbeit im Erziehungsbereich fördert die Kooperation zwischen Eltern, Schule, Hort und Kindergarten durch Projekte, Modelle, Fortbildungen oder Mediatoren, die zwischen den unterschiedlichen Interessen vermitteln.

www.apl-wiesbaden.de
Website der Arbeitsgruppe Pädagogische Lernförderung e. V. in Wiesbaden. Die Gruppe bietet Familientherapie, Fortbildungen, Elterntraining und Coaching für Eltern an. Für Kinder: Lerntherapie, Schullaufbahnberatung, Nachhilfe, Freizeitprogramme.

www.uni-bielefeld.de/psychologie/ae/AE09/beratungsstelle.html
Elterntraining »Lernlust statt Lernfrust« der Pädagogisch-Psychologischen Beratungsstelle der Universität Bielefeld.

Lernstörungen

www.legasthenie.net
Der Bundesverband Legasthenie und Dyskalkulie e. V. gibt Eltern praktische Hilfen an die Hand, wie sie im Schulalltag bessere Er-

gebnisse für ihr Kind erreichen können. Gruppen vor Ort sind in Landesverbänden organisiert. Außerdem auf der Website: Literaturtipps, Informationsmaterial und Antworten auf die gängigsten Fragen rund um die Lernstörungen Legasthenie und Dyskalkulie.

www.legasthenietherapie-info.de
Informationen über Legasthenie, Dyskalkulie und ADHS. Therapiematerial und Forschungsberichte, Grundlagentexte, Therapieprogramme, Test und Fachbücher.

www.legasthenie.de
Informationen über verschiedene (alternative) Therapieformen bei Legasthenie. Seite des Vereins Lernen zu Lernen e. V., in dem sich Eltern zusammengeschlossen haben.

www.legasthenieverband.org oder www.dvld.de
Der Dachverband Legasthenie in Deutschland e. V. hat Ansprechpartner in 14 Bundesländern und bietet auf seiner Website umfangreiches Informationsmaterial und die Möglichkeit, einen Legasthenietrainer im eigenen Bundesland zu finden sowie sich in einem Forum mit anderen Betroffenen auszutauschen.

www.info-legasthenie.de/ueberblick.php
Die Klinik für Kinder- und Jugendpsychiatrie, Psychosomatik und Psychotherapie der Ludwig-Maximilians-Universität München beantwortet die wichtigsten Fragen zu Symptomatik, Diagnostik, Ursachen, Verlauf, Förderung bzw. Behandlung der Legasthenie.

www.adhs-deutschland.de
Neue Website der jetzt zusammengeschlossenen Bundesverbände Aufmerksamkeitsstörung/Hyperaktivität e. V. (BV-AH e. V.) und Arbeitskreis überaktives Kind e. V. (BV AÜK e. V.).

www.lernfoerderung.de/loader/schule/lernen/lernseiten/legasthenie/lrs0.html
Die Legasthenie-Checkliste kann Eltern weiterhelfen, die bei ihrem Kind eine Legasthenie vermuten. In der Liste werden Symptome beschrieben, die darauf hinweisen können, dass ein Kind förderungsbedürftige Schwierigkeiten im Bereich des Lesens oder Rechtschreibens hat.

www.iflw.de/service/legasthenieerlasse.htm
Rechtsvorschriften und Verordnungen der Länder zum Thema Lese- und Rechtschreibschwäche, zusammengestellt vom IFLW Berlin, Institut für integratives Lernen und Weiterbildung.

www.legakids.net
Die Website richtet sich direkt an Kinder mit Lese-Rechtschreibschwäche. Spielerisch soll die Lernfreude geweckt werden. Außerdem gibt es Tipps rund um das Handicap.

Leichter lernen
www.focus-schule.de
Hier finden Sie ein Testcenter, Lernhilfen und Artikel aus dem Bildungsmagazin. Außerdem zum Download: Prüfungschecker, ein Lerntypentest, sowie die Vorlage für ein Lerntagebuch.

www.arbeitschreiben.de
Leitfaden für das Schreiben einer wissenschaftlichen Arbeit; für Schüler, Studenten und andere Interessierte.

www.wr-unterricht.de/wr_referate.html
Tipps zu Referaten und Präsentationstechniken.

www.teachsam.de
Lehren und Lernen online.

www.exklusivposter.de
Internetversand für Motivationsplakate.

Bildnachweis

S. 13 FOCUS Infographik
S. 15 Agentur iStockphoto
S. 20 Illustrationen von René Fehr. Zürich